금융마케팅

이동진 | 이형탁 | 유병희

FINANCIAL
MARKETING

박영사

　오늘날 금융산업은 그 변화의 속도와 폭이 점점 증가되고 있습니다. 빠른속도로 진행되는 4차 산업혁명과 모바일환경은 한국 금융환경의 불확실성을 더욱 증가시키고 있습니다. 이처럼 급변하는 금융환경하에서 금융기업의 경쟁력을 제고하기 위해서는 기술적변화에 대한 대처와 더불어 금융고객에 대한 심층적인 이해에 기반한 고객마케팅 실행전략을 정교하게 수립하는 것이 필요합니다.

　본서는 금융고객의 소비심리와 행동에 대한 이해를 높이고 이에 기반하여 금융고객 마케팅전략을 수립하는 데 도움을 제공하고자 합니다. 구체적으로 본서에서는 금융고객의 기대에 대한 심리이론에 기반한 고객가치향상전략을 제시하고, 금융고객의 만족, 신뢰, 충성도 제고전략, 그리고 고객획득 및 유지실행전략을 다양한 사례들을 중심으로 설명합니다. 본서는 소비자 이론에 근거하되 단순히 이론을 나열하기보다 금융산업의 실무자들이 마케팅전략을 수립하면서 궁금해 하는 사항들을 질문으로 제시하고, 그에 대한 답을 이론과 사례들을 통해 설명하였습니다.

　본서가 불황기 한국금융소비자행동에 대한 이해도를 높이고, 효과적인 금융고객 마케팅 실행전략을 수립하는 데 도움이 되기를 바랍니다.

이 책은 연세대학교 경영연구소의 '전문학술저서 및 한국기업경영총서' 프로그램에 지원을 받아 출간되었습니다.

차례

Chapter 03

금융고객 인지가치 관리

금융고객 만족 관리

금융고객 신뢰 관리

Chapter 06

금융고객 충성도 관리

Chapter 07

금융고객 수익성 관리

Chapter 08

금융고객 판촉 관리

Chapter 09
금융고객 거래단계별 관리

Chapter 10

금융고객 미래를 위한 관리

Chapter 01

불황기
고객중심
금융마케팅

FINANCIAL
MARKETING

Q1 불황기에 고객중심의 금융마케팅이 필요한 이유는 무엇인가요?

불황기 금융기관의 마케팅 경쟁은 브랜드 개발 및 상품출시 경쟁에서 고객관계의 강화로 빠르게 옮겨가고 있습니다. 금융상품의 수명주기가 짧아지고 상품간의 기능적 차별성이 적어지는 상황하에서는 상품이나 브랜드 중심의 차별화보다는 분명한 가치의 제공을 통해 고객과의 관계를 강화하고 차별화하려는 노력이 필요합니다. 고객 관계강화를 통한 안정적 고객기반은 금융기업의 장단기 수익의 균형을 맞추고 불황기의 안정적 성장을 가능하게 하는 핵심경쟁력이 됩니다. 이러한 이유로 불황이 깊어질수록 고객중심의 금융마케팅이 더욱 중요해집니다. 최근 국내 금융사들도 계좌 이동제 실시를 계기로 주거래 고객 유지를 위해 고객 등급별로 차별화된 우대 이율을 제안하는 등 고객관리를 위한 많은 노력을 시도하고 있습니다.

Q2 불황기 금융고객은 항상 낮은 가격을 추구하나요?

불황기의 금융고객은 금융상품에 대한 구매능력과 구매의욕이 낮습니다. 동시에 위험에 대한 회피경향이 높아 보수적인 자금운영을 선호하는 경향을 보입니다. 또한 불황기 금융고객은 일반적으로 부담이 적은 저가 상품을 선호하지만 단순 저가보다는 명확한 혜택과 소비가치를 중심으로 구매결정을 하는 경향을 보입니다. 다시 말해 상대적으로 고가이더라도 분명한 소비가치를 제공한다면 과감히 제품을 선택하기도 합니다. 따라서 불황기 고객이 가장 우선적으로 추구하는 것은 낮은 가격이 아니라 가격대비품질, 즉 가치입니다.

가격 대비 분명한 소비 가치 제공 | 다이렉트 보험-보장은 같고, 가격은 낮췄다

1 인터넷 다이렉트라 더욱
저렴한 보험료로 가입하실 수 있습니다.
평균 17.3%할인!(삼성화재 애니카 기준)

▶ 고객님께서 인터넷으로 직접 가입하셔서 삼성애니카 대비 평균 17.3% 할인해 드립니다.

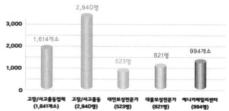

2 믿을 수 있는
삼성화재 보상서비스를 그대로 이용하세요.

▶ 믿을 수 있는 삼성화재 보상서비스 네트워크가
고객님을 위해 365일 24시간 움직입니다.

▶ 모든 보험회사들이 보상서비스가 중요하다고 이야기합니다.
하지만 그 회사가 직접 운용하고 제휴한 네트워크인지 등을 제대로 비교해 보셔야 합니다.

출처: 삼성화재 홈페이지 http://www.samsungfire.com/

Chapter 02

금융고객
기대
관리

FINANCIAL
MARKETING

Q3 금융사의 서비스 품질에 대한 고객의 사전기대는 어떻게 형성되나요?

　금융사의 서비스 품질에 대한 고객의 기대는 개인의 과거 경험, 개인적 욕구, 금융기관의 광고나 지인의 구전, 그리고 기관의 물리적 시설 등을 통해 형성됩니다. 뿐만 아니라 유사 경쟁 기관에 대한 경험도 품질기대 형성에 기여합니다. 이렇게 형성된 고객의 금융 서비스 품질 기대는 고객의 서비스에 대한 만족이나 서비스 품질평가에 직접적인 영향을 미치게 됩니다. 특히 서비스 품질 평가가 모호한 경우, 고객이 지각하는 서비스 성과는 사전 기대 수준에 맞춰지기 때문에 금융 서비스와 같이 소비자에게 높은 수준의 지식이 요구되는 경우 이러한 경향은 더욱 강화됩니다. 따라서 금융기관은 고객이 서비스 품질에 대한 적절한 사전기대를 설정하도록 하는 것이 중요합니다.

금융기관의 고객 기대 형성 ｜ 미래에셋 대우 기업 광고

출처: 미래에셋대우홈페이지 https://www.miraeassetdaewoo.com/

Q4 고가 금융상품 시장과 저가 금융상품 시장에서의 고객의 구매 동기는 어떻게 다른가요?

최근 조사에 따르면 금융서비스 역시 고가 서비스와 저가 서비스로 양분화되는 경향을 보입니다. 은행의 경우 저가 시장을 겨냥한 자동화 창구가 활성화되고 있으며, 고가의 PB시장은 한층 고급화되고 있습니다. 신용카드 역시 많은 혜택을 제공하는 고가의 신용카드와 저가 위주의 신용카드로 양분화되는 패턴을 보입니다. 고가 상품시장에서 고객의 구매동기는 자아 향상욕구와 차별화 욕구입니다. 이들 욕구를 충족시키기 위해 금융기업들은 고객에게 차별적인 서비스를 제공하여 고객으로 하여금 해당 금융기업과의 거래관계에 대한 자긍심을 가지도록 돕는 것이 필요합니다. 그렇기 때문에 초고가 신용카드 시장에서의 사업 목표는 해당 카드 사용 수수료를 통한 수익 창출보다는 이를 통한 전반적 브랜드 이미지 고급화 및 서비스 차별화 달성에 있습니다.

삼성카드의 VVIP카드 '라움 오'(RAUME O)는 고객의 사회적 지위와 경제적 기준뿐만 아니라 회원으로서 명예와 품위까지 복합적으로 검토해서 카드를 발급해 주는 등 엄격한 회원관리를 자랑하고 있으며, 이렇게 가입된 회원들에게는 개인별 생활패턴에 맞춘 밀착서비스를 365일 내내 24시간 제공하는 것으로 차별화하고 있습니다. 이와 같이 고가 상품시장에서의 핵심은 서비스 차별화인 만큼, 고가 상품 출시를 고려하고 있는 기업은 자사의 약점 보완보다는 장점의 강화를 통해 차별적 이미지를 부각시킬 수 있는 방법을 모색하는 것이 중요합니다.

반면 저가 시장에서 금융고객의 구매동기는 경제적 동기입니다. 저가시장에서는 차별적, 체험적 혜택의 차이가 적을 뿐만 아니라, 고객들은 가격적 요소에 더 민감해집니다. 그렇기 때문에 금융상품의 구매기준이 경쟁상품 대비 연회비, 수수료, 금리등의 가격적 요소에 의해 결정됩니다. 현대카드와 이마트가 손잡고 내놓은 이마트 e 카드는 다른 카드에 비해 신세계 포인트가 11배가 적립된다는 것을 강조해서 큰 인기를 얻고 있습니다. 저가시장의 핵심은 경제적 이득인 만큼, 저가 상품 출시를 고려하고 있다면 전략적 제휴를 통해서라도 충분한 경제적 이득을 통해 고객을 설득할 수 있는 새로운 방법을 모색해야 할 것입니다.

Q5 금융고객이 우리 제품에 대해 특별한 기대를 하지 않거나 사전 기대가 너무 낮게 형성되어 있습니다. 어떤 조치가 필요한가요?

고객의 사전기대가 최소기대보다 낮게 형성되어 있는 경우에 고객은 해당 대안을 고려대상에서 제외시키는 경향을 보입니다. 따라서 고객이 금융상품에 대해 가지고 있는 최소한의 기대(필수 서비스 수준)를 파악하고 이러한 사항들을 제품구성에 반영하거나, 제도적으로 보장해주려는 노력이 필요합니다. 펀드상품에서 투자원금 혹은 최소 수익률을 보장해주는 것이 그러한 예가 됩니다.

> 보증을 통한 최소 기대의 형성 | 원금 보장하는 변액종신보험 '(무)교보하이브리드변액종신보험'

원금걱정 이제 그만! 하이브리드 변액종신보험

"펀드운용실적이 나쁘면 적립금이 납입한 보험료보다 적어 연금전환 등이 어렵고, 과도한 중도인출 시에는 자칫 계약이 해지돼 보장을 제대로 못 받을 수 있어요."

"운용실적 하락으로 은퇴시점의 적립금이 그동안 납입한 보험료보다 적을 경우 일반 종신보험으로 전환하며 납입한 주계약 보험료를 보증하는 등 안전장치를 마련했어요."

출처: 교보생명 홈페이지 http://1st.kyobo.co.kr

Q6 금융고객의 품질에 대한 기대가 비현실적으로 높습니다. 어떤 마케팅 조치가 필요한가요?

고객의 기대치가 너무 높을 때에는 이를 현실적인 수준으로 조정하는 것이 필요합니다. 다른 고객의 사례나, 타사 경쟁 상품에 대한 설명을 통해 사전적 기대수준이 달성 가능한 수준으로 조정되도록 하는 것은 매우 중요합니다. 예를 들어 1년 정기예금의 금리에 대한 기대치가 너무 높은 경우 작년의 금리, 타 은행 유사 상품의 금리동향, 타 고객의 가입동향에 대한 설명을 통해 현실적인 기대를 형성할 수 있습니다. 동시에 과대과장 광고를 삼가고 현실적으로 도달 가능한 수준의 기대를 형성하도록 해야 합니다. 예를 들어 보험회사의 광고 중에 비교대상이나 객관적 근거가 없이 '최고, 최대, 무제한, 큰 보장' 등의 표현을 사용한다거나, 분명한 가입 제한이 있는데도 '묻지도 따지지도 않는다'는 설명은 과대 과장광고의 유형에 포함되어 시정명령을 받기도 하였습니다.

Q7 금융고객의 품질 기대수준이 고객이 수용할 수 있는 적정범위에 있습니다. 어떤 마케팅 조치가 필요한가요?

일반적으로 고객은 상품이나 서비스에 대한 기대가 적정범위 내에 있다면 실제 성과를 사전 기대수준에 맞추는 경향을 보입니다. 예를 들어 같은 와인에 대해서 사전에 비싸다고 생각했던 와인을 싸다고 생각했던 와인보다 더 맛있다고 느끼는 이유는 사전 기대와 실제 성과 평가를 동일시 하기 때문인데, 이는 인지적 부조화를 최소화함으로써 심리적 안정감을 추구하기 때문입니다. 또 다른 예로 은행고객을 대상으로 한 서비스 만족도 조사에서 고객의 사전 기대를 측정하고 실제 서비스 만족도를 측정한 결과, 사전기대가 높을수록 고객 만족도도 높았습니다. 이처럼 성과와 기대를 일치시키려는 경향성은 품질 평가가 어려운 경우, 그리고 불확실성이 높고 체험적 성격이 강한 금융서비스에서 강하게 나타납니다. 따라서 금융기업은 고객의 기대를 지나치게 높이는 과장광고는 지양하되, 달성가능한 범위 내에서는 높은 품질 기대수준을 지향하는 것이 필요합니다.

출처: KB 자산운용홈페이지 http://www.kbam.co.kr/

Q8 금융고객의 가격에 대한 판단기준은 어떻게 제시해야 하나요?

일반적으로 고객은 가격을 절대금액으로 받아들이기보다는 기준점 대비 상대적인 이득 혹은 손실로 인식하는 경향이 있습니다. 올림픽에서 은메달을 딴 선수들의 만족감이 아쉽게 놓쳐버린 금메달을 판단 기준으로 하느냐 혹은 동메달을 기준으로 하느냐에 따라 크게 달라지는 것처럼 고객에게 적절한 기준점을 제시하는 것은 매우 중요합니다. 따라서 금융상품에서 가격의 역할을 하는 수수료나 금리를 제시할 때에도 고객이 자사 상품을 매력적으로 판단할 수 있도록 전략적이고 구체적인 기준점 제시를 해야 하며, 이때 주로 사용되는 정보로는 자사의 과거 시점 금리(가격), 경쟁사의 금리(가격) 등이 있습니다.

금융상품 수수료 적정성 평가를 위한 기준 제시 | 은행별 개인대출 금리 비교

금융회사 ▼	대출종류	금리구분	신용등급 ▲ 1~2등급	신용등급 ▲ 3~4등급	신용등급 ▲ 5~6등급	신용등급 ▲ 7~8등급	신용등급 ▲ 9~10등급	신용등급 ▲ 평균금리	상세정보
한국산업은행	일반신용대출	대출금리	3.39%	-	-	-	-	3.39%	상세 ∨
한국스탠다드차타드은행	일반신용대출	대출금리	3.16%	3.66%	3.86%	7.95%	8.82%	3.56%	상세 ∨
농협은행	일반신용대출	대출금리	3.21%	3.82%	5.21%	7.06%	7.89%	3.57%	상세 ∨
신한은행	일반신용대출	대출금리	3.49%	3.65%	4.20%	5.95%	11.15%	3.61%	상세 ∨
신한은행	마이너스한도대출	대출금리	3.65%	3.72%	3.76%	4.19%	4.23%	3.67%	상세 ∨
농협은행	마이너스한도대출	대출금리	3.54%	3.82%	5.52%	7.74%	8.38%	3.71%	상세 ∨
KEB하나은행	마이너스한도대출	대출금리	3.71%	3.73%	4.26%	5.07%	-	3.74%	상세 ∨
우리은행	일반신용대출	대출금리	3.08%	4.27%	5.03%	8.22%	12.97%	3.76%	상세 ∨
우리은행	마이너스한도대출	대출금리	3.68%	4.40%	5.88%	8.34%	11.13%	3.85%	상세 ∨
한국산업은행	마이너스한도대출	대출금리	3.89%	3.78%	-	-	-	3.88%	상세 ∨

출처: 금융감독원 홈페이지(금융상품 통합 비교 공시) http://finlife.fss.or.kr/

Q9 금융고객에게 가격판단의 기준점을 구체적으로 제시하지 않는 경우 고객은 가격판단을 어떻게 하나요?

고객은 자신이 기억하는 과거시점의 가격, 믿을 만한 기업의 대표적인 상품가격, 제시된 여러 대안 상품의 평균적인 가격 등을 판단의 기준으로 사용합니다. 또한 극단적인 가격보다는 믿을 만한 금융기업에서 자주 사용되는 가격을 기준점으로 활용하는 경향을 보입니다. 금융 기업은 이러한 가격 판단의 준거점을 고객에게 임의적으로 맡기기보다는 적극적으로 관리하는 것이 필요합니다.

구체적으로 정기예금 이자율의 경우, 작년 이자율을 제시하여 올해 상품을 판단하게 하는 것보다는 현재 시점에서 경쟁 기업의 이자율을 보여주는 것이 더 효과적입니다. 또한 여러 상품의 이자율이 동시에 제시되는 경우 고객은 처음에 제시되는 이자율에 더 큰 영향을 받는 경향이 있습니다. 이처럼 금융기업은 고객에게 구체적이고 정보적 가치가 높은 현시점에서의 가격을 제시함으로써 고객으로 하여금 판단 오류를 최소화하게 하는 동시에 자사의 판매 가격에 대한 매력도를 높이는 것이 중요합니다.

Q10
금융고객에게 펀드수익률을 제시하려고 합니다. 효과적인 제시방법은 무엇인가요?

금융고객의 펀드 수익률에 대한 반응은 그 수익률 판단의 기준이 무엇이냐에 따라 달라집니다. 예를 들어 특정 펀드 상품이 원금대비 5%의 수익률을 내었으면 원금기준으로는 이득이나, 목표 수익률이 10%였거나 유사 경쟁상품의 수익률이 7%였다면 이 펀드 투자는 단순히 이득으로만 인식되지는 않습니다. 고객의 이득에 대한 판단기준이 무엇이냐에 따라 이득과 손실에 대한 판단이 달라지는 것입니다. 일반적으로 금융고객은 원금에 기준한 수익의 절대금액보다는 비교 기준 대비 상대적인 수익에 더 민감합니다. 따라서 펀드 운영성과를 제시하는 경우, 원금 대비 수익률과 더불어 비교 기준 대비 성과도 함께 제시하는 것이 중요합니다.

손익 평가 기준의 제시 | 펀드 수익률 비교정보

1분기 국내주식형 펀드 수익률 상위 5개

펀드	실정액	3개월	6개월	1년
신한BNPP좋은아침코리아2	125	5.8	5.8	5.7
한국투자거꾸로	126	5.1	3.2	0.1
신한BNPP Tops장기주택마련	506	5.1	9.4	−0.1
한국투자롱텀밸류	1,720	4.7	2.9	−0.1
신영마라톤소득공제	781	3.7	6.2	7.9

1분기 국내주식형 펀드 수익률 하위 5개

펀드	실정액	3개월	6개월	1년
메리츠코리아퇴직연금	580	−8.6	−10.5	1.4
메리츠코리아	17,000	−8.4	−10.1	3.3
메리츠코리아스몰캡	3,840	−7.5	−11.2	
이스트스프링업종일등2	894	−6.5	−8.7	−5.4
이스트스프링코리아리더스	4,772	−6.4	−8.5	−6

출처: 한국펀드평가, 매일경제신문홈페이지 http://vip.mk.co.kr/

Q11 투자 고객이 지속적인 수익에도 불구하고 그 만족도가 낮아지는 이유는 무엇인가요?

일반적으로 투자고객은 첫 번째 수익 성과에 매우 민감하게 반응하는 경향이 있습니다. 그렇기 때문에 투자 첫해에 기대했던 수준의 수익을 얻은 경우 투자자들은 매우 만족하게 됩니다. 하지만 해를 거듭할수록 고객들이 동일한 수익에 대해서 첫해만큼 민감하게 반응하지 않는 이유는 '기대적응' 때문입니다. 일단 이득이 발생한 이후에는 고객의 기대가 점차 상향이 동되는 적응현상이 발생합니다. 이는 더운 날 운동으로 땀을 흘린 후 마시는 첫잔의 맥주가 가장 시원한 것과 같은 이치입니다. 그 다음 잔부터는 전체 효용은 증가하더라도 한계효용이 감소하게 됩니다. 결국 이득에 대한 민감도 체감 효과가 나타나는 이유는 이득이 반복적으로 발생함에 따라 고객의 이득에 대한 기대가 적응되어 만족판단의 기준점이 이득 방향으로 이동되기 때문입니다. 결과적으로 같은 수익을 냈더라도 첫 번째 투자 수익으로부터의 만족이 두 번째 수익에 대한 만족보다 더 높습니다.

Q12 금융고객에 대해 효과적으로 금리를 제시하는 방법은 무엇인가요?

　　지속적인 불황과 저금리 기조 속에서 은행 예금고객의 정기예금 금리에 대한 만족이 낮아지고 있습니다. 이러한 상황에서 금리를 제시하는 방법은 자사의 과거 금리를 제시하는 방법과 현시점에서 경쟁사와의 금리 비교자료를 제시하는 방법이 많이 사용되고 있습니다. 이들 가운데 경쟁사 대비 금리를 제시하는 방법이 더 효과적입니다. 그 이유는 금융 고객의 최종적인 의사결정이 현 시점에서의 금리 매력도를 토대로 하기 때문입니다. 과거시점의 금리는 현재의 결정에 보조적인 역할을 할 수는 있지만 최적의 결정이라는 판단을 제공하지는 못합니다.

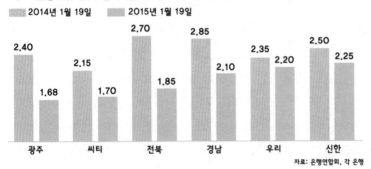

효과적인 금리 정보의 제공 | 기업별 시점별 금리 비교

주요 은행 3년 만기 정리예금 금리(단위: %)

▨ 2014년 1월 19일   ▨ 2015년 1월 19일

	2014년	2015년
광주	2.40	1.68
씨티	2.15	1.70
전북	2.70	1.85
경남	2.85	2.10
우리	2.35	2.20
신한	2.50	2.25

자료: 은행연합회, 각 은행

출처: 인터넷 신문 이데일리 홈페이지

금융회사	상품명	세전 이자율	최고 우대금리	이자계산 방식
세종저축은행	정기예금	2.42%	2.42%	복리
세종저축은행	정기예금	2.40%	2.40%	단리
페퍼저축은행	회전정기예금	2.37%	2.37%	복리
페퍼저축은행	회전정기예금	2.35%	2.35%	단리
세람저축은행	e-정기예금	2.32%	2.32%	복리
스마트저축은행	e-정기예금	2.32%	2.32%	복리
OK저축은행	e-정기예금	2.32%	2.32%	복리
센트럴저축은행	정기예금	2.32%	2.32%	복리
더블저축은행	정기예금	2.32%	2.42%	복리
우리저축은행	정기예금	2.32%	2.32%	복리
대한저축은행	정기예금	2.32%	2.32%	복리
안국저축은행	정기예금	2.32%	2.32%	복리
돈양저축은행	정기예금	2.32%	2.42%	복리
JT저축은행	정기예금	2.32%	2.42%	복리

출처: 금융감독원 금융상품 통합비교공시 (금융상품한눈에)

Q13 최근 고객의 금리 및 수수료에 대한 민감도가 높아지고 있는 이유는 무엇인가요?

　　고객들의 금리 및 수수료 민감도가 높아지는 이유는 국내 금융 시장이 성숙기에 접어들면서 은행간 금융상품의 차이가 거의 없어짐에 따라 고객들이 금리 정보에 집중하게 되기 때문입니다. 특히 예금수입에 의해 생활하는 은퇴자들은 예금금리 인하에 매우 민감한 반응을 보입니다. 뿐만 아니라 부채를 상환할 능력이 적은 대출고객이나 대출 상품에 대한 수요가 있는 잠재 대출고객 역시 대출 금리에 매우 민감합니다. 또한 수수료에 대한 민감도는 명확한 혜택이 있는 차별화된 금융 서비스에 대해서는 상대적으로 적으나, 상대적으로 당연시되는 보편적인 서비스에 대해서는 높은 경향을 보입니다. ATM 출금 수수료나 이체 수수료 등에 대한 고객의 반발이 그 예입니다. 마지막으로 소비자의 구매력이 높거나 서비스에 대한 충성도가 높은 경우에도 수수료에 민감도가 상대적으로 낮습니다. 삼성화재 애니카다이렉트 보험 상품이 보험료가 저렴하지 않음에도 불구하고 2014, 2015년 다이렉트 보험시장 1위와 재가입률 1위를 한 것은 성숙기 시장에서 충성도의 중요성을 보여주는 예가 됩니다.

Q14 금융상품에 대한 수수료나 가격을 낮게 설정하는 것이 항상 좋은 것인가요?

금융고객은 상품 가격을 여러 기준에 의해 판단합니다. 과거 가격에 대한 기억, 믿을 만한 기업의 대표적인 상품가격, 가격의 적정성 등이 그 기준으로 사용됩니다. 낮은 가격이 저가를 추구하는 고객에게 매력적인 것은 사실입니다. 하지만 때로는 고가의 연회비를 부과하는 한정 고객 대상의 신용카드처럼 매우 높은 수수료나 연회비가 높은 서비스 품질을 암시하는 효과를 가져다주기도 합니다. 따라서 수수료나 가격 설정은 목표 고객이 핵심적으로 추구하는 가치에 기반하여 책정되는 것이 바람직합니다.

Q15 최근 한 금융상품에 대한 가격할인을 단행하였습니다. 이 상품에 대한 홍보에서 할인금액과 할인비율 중 어느 측면을 강조하는 것이 효과적인가요?

일반적으로 고가 금융상품을 할인 판매하는 경우에는 할인된 금액을 직접 강조하는 것이 효과적입니다. 반면 저가 상품의 경우에는 가격할인의 비율이 높더라도 실제 할인된 금액은 미미한 경우가 있을 수 있습니다. 이러한 경우에는 가격할인의 비율을 강조하는 방법이 더 효과적입니다. 일반적으로 가격할인 정보를 제시할 때, 금액을 직접 제시하는 것이 고객의 정보처리와 기억에 더 효과적입니다.

은행 휴가철 환전 프로모션 | 금융상품 가격 할인의 비율 VS 금액

출처: 우리은행 홈페이지 https://spot.wooribank.com

Q16 금융상품에 대한 가격할인을 자주 하는 것이 좋을까요?

　　금융상품에 대한 가격 할인은 고객에게 이득으로 인식됩니다. 고객에게 이득은 이득의 정도(할인의 폭)보다 빈도로 기억되는 경향이 있으므로, 할인의 폭을 줄이더라도 여러 번의 이득 경험을 제공하는 것이 효과적입니다. 예를 들어 외화 환전 수수료 할인 이벤트 같은 경우, 높은 할인율을 제공하나 휴가철에 한정되어있거나 까다로운 조건을 요구하는 경향이 있습니다. 이보다는 할인율은 좀 낮추더라도 연간 여행 시즌별로 더 잦고 사용하기 쉬운 할인 이벤트를 제공하는 것이 가능합니다. 하지만 잦은 가격의 변동은 준거가격 자체를 낮추는 효과가 있으므로 지나치게 빈번한 가격할인은 주의를 필요로 합니다.

Chapter 03

금융고객
인지가치
관리

FINANCIAL
MARKETING

Q17 금융상품에 대해 고객이 인지하는 가치에는 어떠한 것이 있는지요?

금융상품에 대해 고객이 인지하는 가치는 기능적 가치, 체험적 가치, 사회적 가치, 그리고 거래적 가치가 있습니다. 예를 들어 신용카드의 경우 기능적 가치는 상품의 기본적 기능과 관련된 가치로서 거래의 안전성, 할부, 신용 대출 등의 기능 등을 말합니다. 신용카드의 체험적 가치는 심미적 디자인, 체험 서비스, 문화공연 혜택과 같은 오감을 만족시키는 혜택을 말합니다. 신용카드의 사회적 가치는 특정카드를 사용함으로써 갖게 되는 자부심과 자아표현과 관련된 가치입니다. 신용카드의 거래적 가치는 연회비나 수수료 할인과 같은 상대적인 가격 매력도를 의미합니다.

금융상품에 대한 인지가치 | 하나카드미생카드	
기능적 가치	- 가맹점 청구할인서비스: 외식, 커피, 대중교통, 인터넷쇼핑, 영화, 편의점 등
체험적 가치	- 만화 문화 후원 프로젝트 - 하나카드 만원의 서프라이즈 진행(2014. 12)
사회적 가치	- 직장인들에게 커다란 공감을 얻은 드라마 <미생>의 컨셉을 활용하여 20·30대 직장인을 타겟팅 함
기래직 가치	- 저렴한 연회비: 국내전용 6,000원, 국내외겸용 8,000원 - OK캐쉬백 가맹점 내 OK캐쉬백 포인트 적립 및 사용 가능

출처: 하나카드 홈페이지, http://www.hanacard.co.kr/

Q18 금융상품에 대해 고객이 인지하는 가치의 우선순위를 어떻게 설정하는 것이 좋을지요?

금융상품이 제공하는 가치는 기능적 가치, 체험적 가치, 사회적 가치, 그리고 거래적 가치의 순으로 우선순위를 두고 제공하는 것이 좋습니다. 금융상품의 여러 가치 중에서 가장 우선시 되는 가치는 기능적 가치입니다. 기능적 가치는 고객의 최소 기대수준과 관련이 있으며 당연시되지만, 이러한 기본적 가치가 미충족될 경우 고객은 분노하거나 즉각적인 이탈을 하는 경향을 보입니다. 저축은행의 도산에 따라 예금 보호를 받지 못하거나 펀드의 불완전판매에 따른 손실이 발생하는 경우에 고객이 분노하는 것은 기본적 기대를 충족시키지 못했기 때문입니다. 금융기업은 이러한 기본적 기능의 충족에 우선순위를 두는 것이 필요합니다.

기능적 가치의 충족 이후에는 체험적 가치와 금융고객으로서의 자부심을 나타내는 사회적 가치가 충족되는 것이 필요합니다. 특히 금융당국의 획일적 규제와 경쟁 기업의 모방으로 기본 상품의 기능적 가치에 의한 차별화가 적은 금융상품의 경우에는 고객화된 서비스를 통해서 소비경험의 즐거움을 제공하고 고객에게 오감만족을 제공하는 이들 가치에 의한 차별화가 필요합니다. 특정 신용카드소지고객만 위한 전용 라운지, 다양한 문화예술 공연에의 초대, 전용 레스토랑, 와인 강연 및 시음행사 등이 체험적 가치의 예시입니다.

또한 특정 신용카드의 소유가 고객의 개성이나 차별적인 자아 이미지를 표출하도록 하는 가치를 사회적 가치라고 합니다. 소수의 고객에게만 한정적으로 발급되는 고가의 신용카드 등이 이러한 사회적 가치를 표출하는 경우가 많습니다. 성공적인 체험가치의 충족은 고객으로서의 자부심과 긍지를 포함하는 사회적 가치를 강화하기도 합니다. 이들 가치는 고객이 당연하게 기대했던 가치 이상의 것으로 그에 대한 미 충족이 약간의 실망을 가져오는 반면, 충족은 고객에게 커다란 기쁨(delight)으로 나타나는 가치입니다. 이처럼 고객은 체험적·사회적 가치를 기대 이상으로 충족시키는 기업에 대해 높은 만족과 충성도를 보이게 됩니다. 일본의 경우 소득 수준이 2만 달러를 넘어서던 시기부터 기능적 가치보다 체험적·사회적 가치의 중요성이 커지는 것을 볼 수 있습니다.

이처럼 세 가지 기능적, 체험적, 사회적 가치의 충족을 통해 해당 금융상품의 품질인식을 제고한 이후에 상대적으로 매력적인 가격을 통한 거래적 가치의 충족을 고려해볼 수 있습니다.

Q19 금융상품의 기능적 가치 충족을 위해서는 무엇을 해야 하나요?

금융상품의 기능적 가치에 대한 고객의 기대를 파악하여 반드시 충족시켜야만 하는 필수 기능가치와 부가적인 요소들을 구분하는 것이 필요합니다. 그리고 필수적인 가치에 대해서는 이를 기본상품화 하거나 보증을 제공함으로써 고객이 인지하는 위험을 줄여주는 노력이 필요 합니다. 불황이 심할수록 본질적이고 필수적인 기능가치를 충실히 제공할 필요가 있습니다. 고객의 기능적 가치에 대한 판단은 분석적이고 계량적이므로 금융기업은 계량화된 성과 중심 의 정보 제공을 하는 것이 필요합니다. 예를 들어 자동차 보험 상품에 있어서 현장 출동 서비 스는 기본적이고도 기능적인 가치입니다. 이러한 필수적인 서비스에 대해서는 명확한 계량 정 보를 제공함으로써 고객의 기대에 확신을 주는 것이 필요합니다. 즉 보험회사는 막연하게 빠 른 출동이라는 광고 문구보다는 30분 현장 출동 보증서비스를 고객에게 제공함으로써 자동차 보험상품의 기능적 가치를 구체적으로 구현해낼 수 있습니다.

기능적 가치의 제공 | Bank of America의 KTC 체크카드 사례

미국은행 Bank of America는 2005년 Keep the Change(KTC) (잔돈은 넣어두세요) 체크카드를 발 행하였습니다. KTC 체크카드가 일반체크카드와 다른 점은 카드사용 시 이용 금액이 반올림하여 결 제되고 이때 발생하는 차액은 이자가 붙는 별도의 계좌에 입금된다는 것입니다. 예를 들어 $19.50 의 상품을 구입할 때, $20가 결제되고 그 차액인 50센트는 별도의 계좌에 입금되는데, 처음 3개월 은 이 차액의 100%을 추가적립해주고, 이후에는 5%씩 추가 적립을 해주며 연말에 환급해 주는 방 식입니다. 이처럼 고객이 기대하지 못했던 서비스를 제공한 KTC 체크카드는 출시 9개월 만에 100 만명의 신규고객을 확보하였으며 고객 유지율 99%를 달성하는 등 성공을 거두었습니다. 이처럼 기 능적으로만 여겨지는 은행상품 역시 고객에게 차별화된 가치를 제공하는 것이 가능합니다.

출처: Bank of America 홈페이지, https://www.bankofamerica.com/

Q20 금융기관이 고객에게 체험적 가치를 제공하기 위해서는 무엇을 해야 하나요?

체험적 가치는 금융상품의 사용에서 오는 즐거움의 가치입니다. 그렇기 때문에 금융기관은 고객의 체험이 구체화되는 각종 접점을 먼저 파악해야 합니다. 예를 들어 신용카드사의 경우 일선 판매원이나 콜센터 직원을 통한 고객경험, 신용카드 광고와 SNS, 구전을 통한 간접 경험, 그리고 부가적인 혜택에 대한 서비스 경험 등이 그 접점이 됩니다. 금융기업은 이러한 다양한 서비스 체험이 고객에게 사용에 따른 즐거움의 가치를 제공하는 동시에 브랜드에 대한 일관된 이미지를 전달하도록 하는 것이 중요합니다.

고객의 오감 체험 중에서 가장 중요한 것은 시각적인 체험으로 일반적으로 전체 감각의 87%를 차지합니다. 다음으로 청각적 체험은 전체 감각에서 7%를 차지합니다. 따라서 다양한 접점에서 고객의 체험을 통합적으로 디자인할 때 가장 먼저 시각적인 요소를 고려하고 음악 등의 청각적 요소를 가미하는 노력을 고려해볼 수 있습니다. 눈에 띄는 디자인이나 색상이 사용된 신용카드 디자인은 이러한 요소를 반영한 결과물이라고 할 수 있습니다. 대부분의 은행 지점의 경우 창구중심으로 업무 설계가 되어 있어 고객에게 즐거움의 체험적 가치를 제공하기는 어렵습니다. 건조하고 기능 중심적인 은행 매장을 카페식 매장으로 변경하고, 편안한 분위기에서 전문가와 상담하도록 하는 경우 고객은 편안함과 즐거움의 체험가치를 경험하게 될 것입니다. 그러나 기능적 가치가 수반되지 않은 체험적 가치는 오히려 고객의 부정적 반응을 초래할 수 있으므로 주의할 필요가 있습니다.

체험적 가치의 제공 | 현대카드의 뮤직라이브러리

현대카드 뮤직 라이브러리와 언더스테이지는 서울 용산구 이태원에 있다. 이태원은 한국 록과 댄스음악이 태동한 곳으로 국내 대중음악사에 각별한 의미를 지닌 곳이다. 최근에는 여러 미술관과 공연장이 들어서며 새로운 문화 중심지로 각광을 받고 있다. 뮤직 라이브러리의 테마는 '울림의 시간, 영감의 공간'이며 인간의 실생활에 가장 밀접하게 존재하며 끊임없는 영감의 원천이 된 음악의 가치를 담았다. 1950년 이후 대중음악사에서 중요한 족적을 남긴 1만여 장의 바이닐(음반)과 3,000여 권의 음악 관련 전문도서를 보유하고 있다. 특히 아날로그 형식으로 음악을 즐길 수 있는 것이 특징이다. 현대카드는 독자적 시각과 전문성을 가진 글로벌 큐레이터들을 선정해 2년간 11개 국을 돌며 음반을 수집했다.

출처: 중앙일보 홈페이지, https://jmagazine.joins.com/(2015년 6월 1일자 기사 요약 발췌)

Q21 금융상품을 통한 고객의 사회적 가치 충족은 어떻게 가능한 가요?

금융기관이나 상품이용 시 금융 고객의 자아 이미지 표출이 가능하게 함으로써 사회적 가치를 제공할 수 있습니다. 고객들은 때로 고가의 희소한 상품을 구매함으로써 자신이 이상적으로 생각하는 이미지를 표현하고자 하는데, 특히 체면을 중시하고 타인을 의식하는 상호의존적 성향이 강한 고객일수록 이러한 상징적 속성을 중요시하는 경향이 나타납니다.

예를 들어 소수의 고객에게만 제한적으로 발급되는 프리미엄 신용카드의 경우 높은 연회비분만 아니라 회원자격 심사 기준을 엄격하게 관리함으로써 해당 카드 소지고객들의 이미지 차별화를 가능하게 합니다. 또한 고객의 라이프스타일에 부합하는 상품의 개발도 고객의 자아 이미지 표출을 가능하게 합니다.

이와 같이 고객의 자아 이미지나 개성을 반영한 금융상품은 보다 장기적이고 지속적인 충성도를 가져다줍니다. 그러므로 금융기업은 금융상품의 개성이 목표고객이 추구하는 자아상과 부합되도록 광고나 상품을 설계함으로써 이들의 소속감 및 동질감을 강화하는 동시에 타 고객 집단과의 차별화를 달성할 수 있습니다.

젊은 고객들에게 사랑받는 카카오톡 캐릭터가 담긴 하나 카카오페이 체크카드, TV 프로그램 '슈퍼맨이 돌아왔다'의 주인공 삼둥이가 그려진 어린이용 통장 등은 고객들로부터 큰 반향을 얻었습니다.

출처: 하나은행 홈페이지 http://www.seoulfn.com/

Q22
금융상품을 통해 친사회적 가치를 구현한 사례에는 어떠한 것이 있나요?

금융상품 소비를 통한 자아표현 가운데, 사회적 책임 등 의식 있는 금융 소비자로서의 역할을 수행하면서 얻게 되는 친사회적가치가 있습니다. 오래 전 미국의 아메리칸 익스프레스 카드가 고객 카드사용금액의 일정비율을 자유의 여신상 복구기금으로 활용함으로써 CSR 캠페인을 성공적으로 시행하고 이를 통해 우호적인 기업 이미지를 구축한 사례가 있었습니다. 또한 친환경 기업에 대한 대출 금리 우대 상품, 가난한 자들에 대한 소액 대출 등은 금융기관의 친사회적 가치 창출의 좋은 사례들입니다. 그런데 유념해야 할 것은 이러한 친사회적 활동 관련 의사결정이 최고 경영자의 개인적인 관심 등에 의한 일시적인 이벤트가 되어서는 안 된다는 것입니다. 그렇기 때문에 친사회적 활동 분야의 선정에 있어 금융 고객이 추구하는 사회적 가치와 활동 특성, 그리고 금융기관의 핵심역량이 공통적인 속성을 갖도록 하되, 이러한 사업들을 장기적이고 일관되게 추진하는 것이 기업의 이미지를 강화에 도움이 됩니다. 농업 종사자들이 주된 고객층인 농협상호금융이 '나의 살던 고향종합통장'과 같은 농업인과 농촌을 지원하는 금융상품을 집중적으로 개발함으로써 지역사회와의 신뢰와 상생 관계를 강화하는 전략 등은 좋은 예라고 할 수 있습니다.

Q23 금융상품의 가격은 항상 낮을수록 좋은 것인가요?

불황기일수록 소비자는 가격 대비 품질, 즉 가치에 민감하게 반응합니다. 품질이 같다면 상품의 가격이 낮을수록 소비자의 선호는 높아집니다. 그런데 금융상품의 브랜드이미지가 약하거나 품질에 대한 정보가 적은 경우 금융 소비자는 가격을 통해 상품의 품질을 유추하는 경향을 보입니다. 따라서 가격이나 수수료가 높은 금융상품에 대해서 품질 또한 우수할 것이란 기대를 가질 수 있습니다. 따라서 높은 수준의 품질을 추구하는 금융상품은 가격을 낮추기보다는 다른 상품에서 찾을 수 없는 고유한 서비스를 통한 차별화 및 독특성 강화 전략이 효과적입니다. 불황기에 금융상품의 가치에 대한 확신을 높이기 위해서는 우선 서비스 품질에 대한 확신을 심어준 후 가격을 낮추려는 노력을 기울여볼 수 있습니다. 고객의 금융상품 품질에 대한 확신이 부족한 상태에서 맹목적으로 가격 경쟁력만을 추구하는 전략은 품질에 대한 의구심을 높이므로 주의할 필요가 있습니다.

Q24 금융상품의 한정판매는 어떻게 관리하면 좋을까요?

많은 기관들이 금융상품을 일정 모집금액까지 혹은 일정기간 동안만 판매하는 한정판매 전략을 사용합니다. 이때 마케터는 금융상품의 한정판매에 대한 소비자의 반응을 먼저 이해할 필요가 있습니다. 일반적으로 한정판매는 희소성을 토대로 상품매력도를 높이고 신속한 구매를 유도하는 역할을 합니다. 한정판매의 방법과 관련하여 금융상품의 판매 총액이나 계약 건수를 제한하는 것이 판매기간이나 판매지역을 한정하는 방식보다 더 효과적입니다.

저가 금융상품의 한정판매에 대해 고객은 가격적 희소성과 경제적 가치가 높은 것으로 인지하는 경향을 보입니다. 하지만 지나치게 반복적인 저가 상품의 한정판매는 기업 상품에 대한 준거가격을 낮출 수 있으므로 주의할 필요가 있습니다. 반면 고가 금융상품의 한정판매에 대해 고객은 품질적 희소성이 높은 것으로 인지하는 경향을 보입니다. 따라서 상품의 품질적 희소성과 브랜드 이미지를 극대화하기 위하여 한정된 고객을 대상으로 고급화된 서비스를 제공할 수 있습니다.

은행 PB고객의 단계를 세분화하여 등급별 차별화 전략을 사용하는 것이 그 예입니다. 현대 카드의 The Black카드의 경우, 상위 0.05%의 목표 고객을 타깃으로 하고 있으며 현재 2,000명 정도의 회원을 확보하고 있습니다. 가입절차도 까다로워서 The black committee 전원의 승인이 필요하며 제한적인 고객만을 대상으로 하고 있습니다. 이러한 배타적인 최고급 카드 상품을 운영하는 이유는 궁극적으로 자사 신용카드에 대한 전반적 이미지를 제고하는 데 있습니다. 결론적으로 저가 금융상품 한정판매는 경제적 희소성이, 고가 금융상품 한정판매는 품질적 희소성이 주된 커뮤니케이션 메시지가 되어야 합니다.

Q25 금융상품 서비스 품질에 대한 차별화는 어떤 방식으로 해야 하나요?

금융상품의 서비스 품질은 상품의 수익성, 수수료 등의 기본적인 속성과 함께 서비스의 편리성, 유용성, 즐거움, 자아표현의 정도 등의 부가적 속성들에 의해 평가됩니다. 금융상품의 서비스 품질을 관리함에 있어서 고객이 생각하는 최소 품질 수준에 대한 기대는 가장 우선적으로 충족시키는 것이 중요합니다. 특히나 구매의사결정 시점에 고객은 위험이 적은 무난한 결정을 추구하는 경향이 있으므로 금융 고객의 기본적인 기대에 대한 충족 여부가 확실하지 않을 때 해당 금융상품은 구매고려대상에서 제거됩니다.

이처럼 고객의 최소기대수준이 충족된 이후에는 자사 금융상품의 장점강화를 통한 차별화가 필요합니다. 많은 금융기관들이 경쟁 상품대비 자사 상품의 약점을 보완하는 것에 치우치는데 이는 자칫 품질의 평준화를 초래할 수 있습니다. 최소 기대수준이 충족된 이후에 금융 고객은 상품의 독특성과 차별성에 의해 구매 결정을 합니다. 미국의 Commerce Bank는 고객 접점확대와 영업시간의 연장 등 고객의 편리성 증대에 집중하여 서비스 차별화를 이루어냈습니다. 미국의 또다른 성공적인 은행인 Umpqua Bank도 호텔과 같은 편안함을 제공하는 서비스 센터를 구축하여 고객에게 차별적인 은행체험과 고객화된 서비스를 제공하였습니다. 모든 항목에서 다 잘하려고 하기보다 고객이 중시하는 서비스 속성에 대한 선택적인 차별화 노력이 필요합니다. 이는 많은 고객들이 자신이 중시하는 속성에 대한 독특성과 유용성을 기반으로 금융상품을 선택하기 때문입니다.

Q26

불황기 금융상품에 대한 혜택을 줄여 가격을 낮추려는 전략이 많이 사용됩니다. 그러한 전략에는 어떠한 사례들이 포함되나요?

불황기에는 많은 기업들이 금융상품에 대한 부가혜택을 줄여 가격을 낮추려는 노력을 하게 됩니다. 보험상품의 경우 발생확률이 낮은 사고에 대한 특약을 먼저 축소하고, 자동차 운행시간이 많지 않은 사람들에게 보험료를 환급해주는 등 기본기능 중에서도 지나치게 설정된 부가 옵션을 줄여 보험료의 인하를 추구합니다. 또한 기존 혜택을 유지하면서도 보험설계사 수수료를 줄이거나 고정 시설비 부담이 적은 인터넷 혹은 모바일 기반의 채널을 활성화하여 고객에게 부과하는 보험료를 인하하기도 합니다. 이러한 까닭에 인터넷 자동차 보험회사들은 빠른 속도로 시장점유율을 높여가고 있습니다. 미국의 자동차 보험사인 Progress Insurance는 구조적으로 허위 · 과장 신고를 축소하여 운영비용을 절감하였습니다. 구체적으로 자동차 사고현장에 렌터카와 담당 직원을 파견하고 현장에서 사고를 해결하여 고객의 편리성을 증대시킴과 동시에 과도한 수리비용 및 의료비용의 청구를 방지하였습니다. 이를 통해 교통사고환자의 과도한 입원율 및 과다치료비 청구 등의 도덕적 해이 현상을 방지함으로써 보험 손해율을 낮추고 결과적으로 10% 이상의 비용절감효과를 거두어 이를 고객에게 보험료 인하혜택으로 돌려주었습니다. 주행거리에 따른 보험료 부과 시스템, 보험사 차량수리지원센터의 보험료 사전견적서비스도 유사한 사례입니다. 은행에서도 영업과 단순업무를 분리하고 단순업무를 중앙집중화하여 효율성을 높이거나 기업점포와 개인금융점포를 통합 관리하는 것도 비용절감을 위한 전략의 예가 됩니다.

Q27 불황기에는 혜택 축소를 통한 가격인하만을 추구해야 하나요?

불황기 고객은 가격중심의 구매 의사결정을 하므로 고객에게 과도하거나 반드시 필요하지 않은 선택옵션을 줄여주는 노력은 고객의 인지가치를 높이는 데 중요합니다. 하지만 이렇게 가격인하를 추구하는 과정에서 모든 혜택을 일괄적으로 줄이는 것보다는 고객이 중시하는 속성에 대해서 오히려 혜택을 강화함으로써, 전반적 혜택 축소에 대한 고객의 부정적 반응을 완화시킬 수 있습니다. 고액의 사망 보험금을 보장하지만 그만큼 보험료가 비싸다는 불만이 컸던 종신보험의 단점을 보완하기 위해, 보험료를 대폭 낮추되 동일한 보장을 해주는 저해지환급형 상품 및 해지미보증형 상품들이최근 고객들 사이에서 큰 인기를 얻고 있는 것도 그러한 예라고 할 수 있습니다.

Q28 불황기에 은행은 비용 효율화와 고객 서비스의 극대화 중에 어느 목표에 우선순위를 두어야 할까요?

최근 오프라인 은행 지점을 직접 찾아가서 업무를 처리하는 고객의 비중이 점차 줄어들고 있습니다. 단순한 업무는 인터넷 혹은 모바일뱅킹을 통해서 처리하고 있고, 인터넷을 통해 신규계좌 개설까지 가능해지고 있습니다. 이러한 추세를 반영하여 은행권에서는 고정비의 많은 부분을 차지하는 오프라인 은행지점의 효율화 방안이 다각적으로 모색되고 있습니다. 우선 은행사들은 오프라인 지점의 기능을 업무와 상담을 구분하여 단순업무를 처리하는 자동화된 일선 점포와 고객 상담 및 마케팅 중심의 대규모 점포로 구분하기도 합니다. 또한 업무의 효율화를 위해 기업금융과 개인금융을 통합 관리하기도 하고, 점포 내 점포의 개념으로 복합금융상품을 취급하기도 하며 소수의 거점 점포를 통해 여러 소규모 지점을 통합관리하기도 합니다. 그런데 문제는 이러한 통합 관리 노력이 지나치게 비용 효율성 위주로 시행되고 있다는 것입니다. 예를 들어 대면 서비스를 선호하는 고령의 자산가 집단의 경우, 이들을 위해 다양한 형태의 오프라인 창구를 마련하려는 노력 역시 중요합니다. 결국 고객의 다양한 욕구를 반영하여, 은행, 증권, 보험 등 다양한 금융 서비스에 대한 상담을 동시에 해결하는 복합점포 개설, 직원이 고객을 직접 방문하여 상담을 제공하는 서비스 개발, 고객이 자주 가는 유통매장에 은행창구 개설, 그리고 점포 시간의 탄력적인 운용 등 다양한 차별화 전략을 모색해볼 수 있을 것입니다.

은행에 있어서 단기적인 수익도 중요하지만, 지금은 IT 기업 등 금융권 외부 경쟁자들과의 경쟁준비 또한 소홀히 할 수 없는 상황입니다. 그러므로 은행은 그들과의 경쟁을 위해서 차별화된 경쟁 우위를 확보해야만 하는데, 이러한 의미에서 고객의 신뢰와 충성도 확보에 중요한 역할을 하는 지점이라는 물리적 공간은 은행의 전략적 경쟁우위를 부여하는 중요한 자산이 될 수 있습니다. 그러므로 은행은 비용 절감을 위한 다양한 시도에 앞서 오프라인 점포를 통한 경쟁력 향상도 중요한 목표임을 잊지 말아야 할 것입니다. 이를 위해 은행은 자사의 점포 운영의 목표를 명확히 하고, 점포 운영성과를 지점이 아닌 전사적 관점에서 평가하는 체계를 마련할 필요가 있습니다.

Q29 고객들에 대한 서비스를 차별화하려는 은행들은 어떤 전략을 구현하였나요?

미국의 Commerce Bank는 비록 수수료가 비싸더라도 야간 영업과 주말영업으로 고객 편리성을 극대화하였습니다. Wells Fargo의 경우에는 고객과의 대면접촉을 강화하기 위해 경쟁은행들이 점포수를 줄이는 상황에서도 점포 수를 오히려 더 늘리고 인적 마케팅에 의한 교차·상향판매를 증대하였습니다. 미국의 Umpqua Bank 역시 호텔식 안내데스크, 매장 내 카페, 각종 금융·교양 강좌 등의 서비스를 제공하여 슬로우 비즈니스를 통한 느림의 가치를 강조하면서 오히려 지점의 수를 확대하는 정책을 실시하고 있습니다. 일본 Shinsei Bank는 Two screen service를 제공함으로써 상담원과 고객이 동시에 같은 화면을 보면서 상담을 진행하여 업무 효율성과 정확성이 높이고 있습니다. 국내의 사례로는 우리 은행이 커피 전문점 '폴 바셋'과 손잡고 '동부이촌동 지점 카페 인 브랜치'를 운영하는 등 고객들에게 다가가기 위한 노력을 기울이고 있습니다.

궁극적으로 금융에서 가장 중요한 것은 사람입니다. 매장의 효율성 증대나 자동화 서비스보다 더 중요한 것은 고객과의 밀접한 상호작용을 통해 고객이 기업에 대한 일체감을 확보하는 일입니다. 현재 진행되고 있는 매장 모델에 대한 다각적 시도는 비용 최소화보다는 다양한 고객 접점에서의 서비스 극대화에 최우선 목표를 두고 진행되어야 합니다.

Q30 많은 기업이 금융상품에 대해서 원가의 일정비율을 가산하여 가격을 결정하는 원가가산 방식을 적용하고 있습니다. 이러한 방식은 편리성에도 불구하고 기업의 원가절감을 위한 동기부여에는 한계점을 갖습니다. 가격결정방식에 대한 어떤 개선이 필요할까요?

금융기업들은 상품 가격 설정의 프로세스를 점검해 보고 개선의 여지가 없는지를 판단하는 것이 필요합니다. 즉, 원가나 손익분기점과 같은 원가요인, 경쟁사의 가격과 같은 경쟁요인, 고객의 가격민감도나 지불의향과 같은 고객요인을 체계적으로 점검하고 이들 요인이 금융상품의 가격설정에 체계적으로 반영되어 있는지를 판단하는 것이 필요합니다. 단순히 원가에 마진을 더해서 설정되는 가격은 시장의 수급상황이나 원가절감의 목표를 반영하지 못하는 경우가 많습니다. 예를 들어 은행의 자금 조달금리 혹은 조달비용지수에 일정비율의 금리를 더해 대출금리를 정하는 원가가산 방식의 가격설정은 편리하지만 조달원가가 올라 갈수록 시장에서의 금리경쟁력이 떨어지는 단점이 있습니다. 오히려 시장에서 경쟁력 있는 대출금리를 먼저 설정하고 일정수준의 목표 마진을 고려하여 목표원가를 산정하는 방식은 자금조달의 원가를 낮추려는 노력을 증대시키는 효과가 있습니다. 금융기관은 원가가산방식을 사용하더라도 목표수익에 따라 금리 및 상품 가격을 산출하려는 노력이 동시에 요구됩니다.

Q31
금융상품에 대한 정가를 먼저 제시하고 할인가격을 제시하는 경우가 할인된 가격만을 제시하는 경우보다 더 효과적인 이유는 무엇일까요?

메달 시상대에 올라간 올림픽 선수들을 보면 동메달을 받은 선수가 은메달을 받는 선수보다 더욱 기뻐하는 것을 보게 됩니다. 그 이유는 동메달 선수의 판단 기준은 메달 획득 여부이지만 은메달 선수는 금메달을 기준으로 은메달을 평가하고 상대적인 상실감과 아쉬움을 갖게 되기 때문입니다. 가격에 대한 판단도 유사합니다. 고객의 금융상품 가격에 대한 판단은 진공상태에서 이루어지는 것이 아니라 특정 내적 혹은 외적 기준점을 중심으로 이루어집니다. 가격의 기준점이 되는 정상가격과 함께 할인가격이 제시되면 소비자는 그 차액만큼을 이득으로 인식하게 됩니다. 반면 소비자가 할인된 가격만을 접하게 되면 가격에 대한 사전 지식이 적은 경우에는 이 가격을 판단할 구체적인 기준이 없어 가격의 매력도 혹은 이득에 대한 판단을 내리지 못하게 됩니다. 이처럼 가격판단의 경우에는 기준점이 중요하고 이러한 판단의 기준이 되는 가격을 준거가격이라고 합니다. 금융상품을 판매하는 경우 준거가격을 실제가격보다 먼저 제시하여 주는 것이 그 반대의 경우보다 고객의 가격 정보처리 및 의사결정에 효과적입니다. 가격할인광고의 경우에도 정상가격을 실제판매가격 좌측 혹은 위에 제시하여 가격에 대한 판단기준으로 활용되도록 하는 것이 필요합니다.

준거가격의 제시 | 수수료 할인 이벤트 광고

매매수수료 폭탄세일 이벤트

대상고객 미래에셋증권 고객 전체
대상매체 HTS, 해외주식 MTS
대상국가 중국(후강퉁), 홍콩, 미국, 일본

할인전	할인후	할인률
~~0.3%~~ → (미국 0.25%)	**0.09%**	**70%** (미국 64%)

＊미국의 경우 최저수수료 USD 10 부과

출처: 미래에셋대우 홈페이지 https://www.miraeassetdaewoo.com/

Q32 고객이 제시된 금융상품 가격을 그다지 매력적이지 않다고 판단하고 있습니다. 고객의 가격판단 기준과 관련하여 어떤 조치가 필요한가요?

자사 상품이 가격 경쟁력을 갖추었다고 할지라도 고객이 올바른 준거가격을가지고 있지 못하다면 해당 상품을 선택하기 어렵습니다. 기업은 우선적으로 가격 설정 프로세스를 점검하고 해당 상품의 가격이 적정한지 확인해야 합니다. 그 후에는 고객이 가격판단의 기준으로 사용하는 준거가격을 검토해 볼 필요가 있습니다. 예를 들어 고객이 새로 출시된 신용카드를 평가할 때, 기억에 근거하여 과거 자신이 사용하던 카드의 연회비와 새 카드의 연회비를 비교하거나, 유사한 혜택을 제공하는 경쟁사 카드의 연회비와 비교하게 됩니다. 하지만 이렇게 소비자의 기억이나 판단에 근거한 준거가격은 오류의 가능성이 많습니다. 특히 소비자의기억이 정확하지 않거나 가격판단의 기준으로 활용된 신용카드가 대표성을 결여한 경우 오류는 더 심화됩니다. 이런 경우에는 크게 두 가지 전략이 가능합니다.

첫째는 외부의 객관적이고 대표성이 있는 준거가격을 구체적으로 제시함으로써 고객이 임의로 가지고 있던 가격판단의 기준을 조정하여주는 것입니다. 객관적인 가격비교사이트 정보를 제공하거나 다른 신용카드의 연회비를 비교분석을 통하여 적정한 가격비교의 기준이 수립되도록 할 수 있습니다. 둘째는 카드가 제공하는 부가혜택이 가격 매력도의 평가 기준이 되도록 하는 것입니다. 즉, 가격판단의 기준점을 가격이 아니라 제공되는 혜택으로 함으로써 자사에 대한 보다 호의적인 평가를 가능하게 할 수 있습니다.

Q33 가격변동에 따른 고객의 이득/손실 인식은 어떻게 변화하나요?

고객의 이득에 대한 인식은 그 판단의 기준점이 무엇이냐에 달려있습니다. 따라서 금융기관은 전략적인 기준점 제시를 통해 고객의 이득 인식을 강화할 필요가 있습니다. 신용카드의 경우 주말 할인은 이득으로 인식되지만 주중의 할증은 손실로 인식됩니다. 현금 할인은 이득으로 인식되지만 역으로 카드 사용시 할증가격으로 해석되기도 합니다.

50만원 상당의 상품이 40만원으로 할인되었다가 다시 원래의 가격으로 환원된 경우를 생각해봅시다. 만일 고객이 50만원에 구매한다면 이는 정상구매임에도 불구하고 이 가격이 고객에게 손실로 인식될 수도 있습니다. 은행금리의 변화도 기준점에 따라 이득과 손실의 인식이 달라집니다. 현재 1.5%인 1년 정기예금의 금리가 2.5%였던 지난해에 비해서는 손실로 인식되지만 1.2%에 불과한 타 금융기관에 대비해서는 이득으로 인식되기도 합니다. 보유 주식의 가격이 하락한 경우에 매도를 주저하는 이유도 보유 기간중 최고가를 기준점으로 생각하기 때문입니다.

이렇듯 이득은 그 절대 가격보다는 준거점과의 차이에 의해 인식되기 때문에 금융고객의 이득인식이 가능하도록 전략적으로 준거점을 제시하는 것이 필요합니다.

전략적 준거점의 제시 | 주요은행 적금상품 금리 비교					
	A은행	B은행	C은행	D은행	E은행
상품명	직장인우대적금	직장인적금	직장인 월복리적금	직장플러스 적금	함께행복 나눔적금
적립금(월)	1만원~300만원	1만원-50만원	자유적립	100만원이내	10만원,20만원
기본이율(%)	1.80	1.75	1.79(매일변동)	1.65	2.20
우대적용시 (최고)	2.30	2.45	2.59	2.75	5.20
우대 특징	급여이체, KT제휴	급여이체, 상품가입	급여이체, 인터넷가입	급여이체, 상품가입	우리신용카드실적, 기부

출처: 각사 홈페이지(1년제 기준, 세전)

Q34 고객의 이득에 대한 적응을 극복하기 위한 방법에는 무엇이 있나요?

고객은 투자에 대한 이득 혹은 손실 역시 특정 기준점을 중심으로 판단합니다. 펀드 투자의 경우, 투자원금을 중심으로 현재의 잔고와 비교하여 이득과 손실에 대한 판단을 합니다. 그런데 이득이 여러 번에 걸쳐 발생하는 경우 동일한 이득일지라도 고객은 첫 번째 이득에 가장 크게 만족합니다. 왜냐하면 일단 이득이 발생한 이후에는 고객의 기대가 점차 상향이동되는 적응현상이 발생하기 때문입니다. 그런데 시간이 지나면 이득의 기준점이 다시 원점으로 환원하게 됩니다. 따라서 두 개의 이득을 동시에 연달아 제공하는 것보다 첫 번째 이득을 제공하고 기준점이 원점으로 환원된 이후에 다시 두 번째 이득을 제공하는 것이 고객의 효용을 더 크게 증대시키는 효과를 갖습니다. 따라서 고객의 이득은 분리하여 제공하는 것이 고객만족에 효과적입니다.

신용카드 포인트 혜택의 중간보상, 각종 우대혜택이나 할인의 항목구분 등이 그러한 예가 됩니다. 고객에게 정기 예금에 대한 0.3%의 우대금리를 제공하는 경우, 지점장 전결 우대 금리 0.2%와 은행 본점 고객 특별 우대 금리 0.1%로 분리하여 제시하는 것이 통합해서 제시하는 것보다 고객만족 향상에 더 효과적입니다. 마찬가지로 수수료 면제의 경우에는 그 내역을 자세하게 제시하여 여러 건의 이득이 발생하였음을 알려줄 필요가 있습니다. 시간이 지나면 고객은 발생한 이득의 크기가 아닌 빈도로 기억하는 경향이 있기 때문입니다.

이득의 분리 | 수수료 면제 내역 상세 공개: KB국민은행 one통장

- 면제기간: 이번 달 11일부터 다음달 10일까지
- 면제대상: 수수료 및 면제횟수

면제 대상 수수료(이 통장 기준)	면제횟수
전자금융(인터넷뱅킹, 폰뱅킹, 모바일뱅킹) 이체수수료(다른 은행으로 보낼 때)	제한없음
KB국민은행 자동화기기 시간외출금수수료	제한없음
납부자자동이체(타행자동이체포함)수수료	제한없음
KB국민은행 자동화기기 이체수수료(다른 은행으로 보낼 때)	월10회
다른 은행 자동화기기(주4) 출금수수료	월5회
입출금내역 SMS/FAX 통지수수료(주5)	제한없음

출처: KB 국민은행 홈페이지 https://obank1.kbstar.com/

Q35 고객의 손실에 따른 상실감을 줄이기 위한 방법에는 무엇이 있나요?

　　고객에게 손실이 여러 번에 걸쳐 발생하는 경우 동일한 정도의 손실일지라도 고객은 첫 번째 손실에 대해 가장 큰 상실감을 느끼게 됩니다. 반면, 이후에 반복되는 추가손실에 대해서는 고객의 기대가 점차 손실에 적응되어 추가 손실로 인한 고객만족의 감소는 처음만큼 크지 않게 됩니다. 즉 손실이 발생할수록 비록 전체 효용은 감소하더라도 효용이 감소되는 정도는 줄어들기 때문입니다. 하지만 이득과 마찬가지로 손실의 경우에도 일정 시점이 지나면 고객의 기대치는 원위치로 환원되게 됩니다. 따라서 고객에게 부과되는 수수료 등의 손실은 통합하여 제시하는 것이 고객만족의 관리에 더 효과적입니다. 예를 들어 국내은행에서 외국으로 송금을 하는 고객에게 부과되는 수수료의 내역을 환전 수수료와 송금 수수료로 나누어 각각 별도로 청구하는 것보다는 이를 통합하여 거래 전체에 대한 수수료로 부과하는 것이 더 효과적입니다.

손실의 통합 | 외화송금 수수료(수수료와 전진료가 별도로 청구)

은행	카테고리	구분	수수료리스트	전신료
신한은행	해외로 외화송금수수료	창구	미화 5백불 상당액 이하: 5,000원 미화 2천불 상당액 이하: 10,000원 미화 5천불 상당액 이하: 15,000원 미화 2만불 상당액 이하: 20,000원 미화 2만불 상당액 초과: 25,000원	(건당) 8,000원

출처: 신한은행홈페이지 http://www.kfb.or.kr/

Q36 투자 고객이 손실이 발생한 펀드나 주식을 처분하는 대신 장기간 보유하려는 이유는 무엇인가요?

고객에게 투자 원금 대비 손실이 발생한 경우, 고객은 그 펀드나 주식을 오래 보유함으로써 손실을 복구하려는 경향을 보입니다. 이는 손실에 따른 상실감이 매우 커서 이에 대한 처분을 통해 손실을 실제로 구현하고 싶지 않기 때문입니다. 이와 같은 장기보유로 인해 추가손실이 발생하여도 이로 인한 추가적인 상실감이 처음 손실에 따른 고통만큼 크지는 않으므로 고객은 주식을 장기적으로 보유하여 투자원금을 회수하려고 합니다. 같은 이유로 고객이 여러 개의 펀드나 주식 계좌를 가진 경우 손실이 발생한 주식을 가장 늦게 처분하는 경향을 보입니다. 이처럼 추가 손실에 대한 상실감의 증가가 처음처럼 크지는 않으므로 고객은 손실에 대해서 위험을 추구하는 경향을 보입니다.

Q37 투자 고객이 이익이 발생한 펀드나 주식을 우선적으로 처분하려는 경향을 보이는 이유는 무엇인가요?

투자 원금 대비 이득이 발생한 경우, 고객은 그 펀드나 주식을 빨리 처분함으로써 이득을 실현하려는 경향을 보입니다. 특히 투자 고객은 첫 번째 이득에 대해 민감하고 그 이후에는 적응을 하게 됩니다. 따라서 장기보유로 인해 추가이득이 발생하여도 이로 인한 추가적인 만족이 처음 발생한 이득으로부터의 만족만큼 크지는 않으므로 고객은 펀드나 주식을 추가 위험에 노출시키기보다는 바로 처분하여 확실한 이득을 갖고자 합니다. 이러한 이유로 고객이 여러 개의 펀드나 주식 계좌를 가진 경우 이득이 발생한 주식을 가장 빨리 처분하는 경향을 보입니다. 이처럼 고객은 추가적인 이득을 위해서 위험을 택하지 않는 위험 회피성향을 보이며, 그렇기 때문에 가급적이면 고객에게 확실한 이득이 보장되는 상품을 우선적으로 제공하는 것이 필요합니다. 예외적으로 고객에게 제공되는 이득의 금액에 너무 적어 고객입장에서 무시할 만한 크기의 이득인 경우에는 즉석복권이나 경품 추첨권처럼 불확실성 속의 작은 즐거움을 제공하는 방법도 있습니다.

Q38 금융고객은 같은 금액의 이득과 손실 중에 어디에 더 민감한 가요?

금융고객은 같은 금액이라 할지라도 이득보다 손실에 2배 정도 더 민감합니다. 따라서 고객에게 부과되는 손실 혹은 불만족의 감소가 만족이나 이득의 증대보다 더 우선시 되어야 합니다. 예를 들어 한 조사에서 학생들에게 학교에서 주관하는 행사에 참여하면 가산점을 주겠다고 하는 경우보다 불참하는 경우 벌점을 부과하겠다고 하는 경우에 학생들의 행사 참여율이 높았습니다. 이는 사람들이 이득의 증가보다 손실의 발생에 더 민감하게 반응하기 때문입니다. 또 다른 사례로 한 자동차 보험회사에서 고객 사은행사로 보험 가입 고객에게 신차 교환 이후 일정기간 동안 사고가 발생하는 경우 신차로 교환해주는 교환권 혹은 자동차 사용 전기간에 걸친 무료 엔진오일 교환권을 선택하도록 했습니다. 고객들이 두 가지 혜택의 금전적 가치가 동일하다는 것을 알았음에도 불구하고, 고객은 미래의 손실을 회피할 수 있는 신차교환권을 이득이 점진적으로 증가되는 엔진오일 교환권보다 더 선호하였습니다. 이처럼 기업은 고객의 손실 방지를 만족 증대보다 우선시하여 관리하여 할 필요가 있습니다.

Q39 고객이 손실에 대해 위험을 택하는 이유는 무엇인가요?

고객은 손실에 대해 매우 민감하기 때문에 더 많은 비용을 들여서라도 손실을 줄이려는 노력을 합니다. 그렇기 때문에 고객은 보험료가 반값이지만 보장 내역 역시 절반인 상품보다는 보험료가 두 배가 들더라도 완전한 보장을 해주는 상품을 선호합니다. 이는 고객들이 추가투자라는 위험을 택해서라도 투자손실을 회피하려는 성향과 같은 이치입니다. 외제차 소비가 늘면서 교통사고 시 비싼 외제차량에 대한 피해액을 충분히 담보할 수 있는 대물배상 가입금액이 높아지는 것을 볼 수 있습니다. 보험개발원에 따르면 2015년 대물배상 평균 가입 금액이 전년에 비해 25.4% 증가해 2억 4,000만원에 달한다고 합니다. 고객의 위험회피 성향은 미래에 대한 불확실성이 큰 불황기에 더욱 분명하게 나타납니다.

Q40 고액의 투자 고객이 아주 적은 금액의 손실에도 민감한 이유는 무엇인가요?

    수십억원 규모의 금융자산을 가지고 있는 투자자에게 몇 만원은 무시할 정도의 적은 금액일 수 있습니다. 그런데 의외로 거액의 자산가들이 아주 적은 금액의 이득이나 손실에 민감하게 반응하는 것을 보게 됩니다. 심지어 수백억원의 자산을 가진 사람들이 몇 천원 비싼 점심 값이나 택시비에 격분하기도 합니다. 왜 이런 현상이 생기는 걸까요?

    금융고객은 전체금액보다는 금액의 변화에 민감하기 때문입니다. 달리 말해 자산의 전체 규모는 기준점으로 작용을 할 뿐 고객의 투자 만족과 상실감은 그 금액을 기준으로 한 변화, 즉 이득과 손실에 의해 결정되기 때문입니다. 따라서 금융기업이 고객의 입장에서 기준점 대비 이득과 손실을 상시적이고 체계적으로 관리하는 것이 고객만족 유지·증대에 매우 중요합니다. 고객은 이득의 절대금액보다 상대적인 변화의 크기에 민감하기 때문입니다.

Q41 타사 대비 혜택과 서비스는 유사하나 연회비가 저렴한 카드 상품을 출시하였습니다. 이러한 신용 카드의 마케팅은 어떤 방식으로 진행되어야 하여야 하나요?

신규 발행된 신용카드의 저렴한 연회비가 소비자에게 이득으로 인식되도록 하는 것이 중요합니다. 우선 유사한 혜택을 제공하는 경쟁사 상품과의 연회비 비교를 통하여 자사 카드의 경제적 가치를 강조하는 것이 필요합니다. 동시에 연회비 대비 혜택의 가치를 강조하는 것도 방법입니다. 그런데 이러한 혜택은 어떤 식으로 전달되는 것이 더 효과적일까요?

첫째, 연회비는 현재 시점에서 발생하는 비용이므로, 고객의 비용 인식을 줄일 수 있도록 혜택을 계량화하고 자사 카드가 비용보다 압도적으로 큰 혜택을 제공함을 보여주어야 합니다. 둘째, 고객은 혜택을 평가할 때 혜택의 개수와 그 혜택을 사용할 가능성을 고려합니다. 따라서 다양한 혜택을 제공하되 그 혜택의 사용가능성에 대한 인식을 통해 이득을 구체화하려는 노력이 필요합니다.

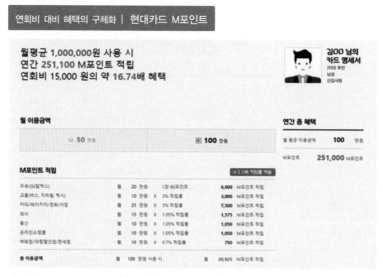

출처: 현대카드 홈페이지 https://card.hyundaicard.com/

Q42 금융고객이 신용카드나 포인트 결제보다 현금결제에 더 민감한 이유는 무엇인가요?

고객은 동일금액이라도 더욱 부각되는 손실에 대해 민감하게 반응합니다. 즉, 동일금액의 지출이더라도 현금의 경우가 가장 부각되는 직접적인 손실입니다. 반면 포인트에 의한 결제, 자동이체, 신용카드 등은 고객에게 상대적으로 간접형태의 형태의 손실입니다.

불황기 금융 고객은 특히 물리적 자금의 고갈에 민감하게 반응하게 되므로 가급적 비용 인식을 낮춰주는 것이 중요합니다. 이것이 고객들이 신용카드나 포인트 결제를 현금결제보다 선호하는 이유입니다. 따라서 금융기관은 가급적 고객에게 손실이 부각되지 않도록 혜택을 설계하는 것이 필요합니다. 우대금리를 제공하면서 각종 수수료를 별도로 부과하기보다는 우대금리의 폭을 줄이더라도 수수료를 면제해주는 것이 더 효과적입니다. 또한 고객에게 일정금액의 수수료를 부과하여야 한다면 이를 통합가격이나 정액제로 제시하는 것이 고객의 부각손실을 줄이는 방법이 됩니다. 즉 추가적인 이득의 제공보다 추가적인 손실의 감소가 우선시 되어야 합니다.

미국 Bank of America의 경우, 업무 자동화를 통한 비용 절감을 위하여 지점에서의 단순업무에 대해 수수료를 부과하는 정책을 시도하였습니다. 하지만 기존에 무료로 이용하던 서비스에 대한 비용 부과에 대해 고객의 큰 저항에 부딪혔고 결국 창구수수료 부과 정책을 포기하였습니다. 이와 함께 현금결제보다는 모바일 기기 등을 이용한 다양한 결제방식을 통해 고객에게 거래의 편리함을 제공할 뿐 아니라 부각손실을 줄여주어 구매에서의 심리적 저항을 줄여줄 수 있습니다.

결제대금납부

사용기준: 제한없음(1점 이상)

고객의 청구대금의 전액/일부를 포인트리로 납부할 수 있습니다.
결제일 이전이라도 일시불/할부전표별로 납부가 가능합니다.

▶ 단, 해외매출, 현금서비스전표는 포인트리 결제가 불가함
▶ 할부전표는 매출금액에서 신청한 만큼 전액/일부 회수 후 잔여할부기간만큼 분할청구

연회비

사용기준: 제한없음(1점 이상)

카드연회비를 포인트리 우선결제서비스를 이용하여 납부하세요.
연회비 우선결제서비스를 신청하신 경우 연회비 청구월에 잔여포인트리
금액만큼 연회비가 납부됩니다.
'결제대금납부 서비스'를 이용한 연회비 납부도 가능합니다.

▶ 연회비 우선결제서비스를 신청하실 경우 기존 신청하신 우선결제서비스가 있을 경우 해지처리됨.
  서비스 문의사항은 KB국민카드 고객센터(1588-1688)로 연락

출처: KB국민은행 홈페이지 http://imzine.tistory.com/137

Q43 투자 고객은 이득기회의 상실과 실제 손실의 발생 중 어느 쪽에 더 민감한가요?

두 가지 상황을 가정해봅시다. 투자자가 주식 매수주문을 하였으나 매수 우선순위에 밀려 매수계약 체결이 되지 않았고, 그날 이후 주식 가격이 많이 올랐습니다. 이를 이득기회의 상실이라고 합니다. 반면 투자자가 보유 주식을 매도해야 할 시점이라고 판단하여 매도 주문을 하였으나 역시 매도 계약은 체결되지 않았고 그날 이후 주식 가격이 많이 하락하여 손실이 발생하였습니다. 일반적으로 투자자들은 이득 기회의 상실보다 실제 손실에 더 민감하게 반응합니다. 그 이유는 실제 손실이 고객에게 더 구체적으로 부각되기 때문입니다.

예를 들어 증권투자 고객이 주식 1만주를 주당 10,000원에 구매한 이후 해당 주가가 6,000원으로 하락하였고, 이 시점에서 이를 매각하였다면 투자자는 주당 4,000원, 총 4,000만원의 직접적인 투자손실을 입게 됩니다. 그런데 이 고객이 1만주의 주식을 주당 6,000원에 매도한 이후 주식이 단기간에 주당 11,000원으로 상승하였다면 이 고객은 주당 5,000원, 총 5,000만원의 이득을 얻을 기회를 상실한 것입니다. 이 금융고객에게 발생한 4,000만원의 실제 손해와 5,000만원의 이득기회의 상실을 비교해보면 고객은 그 금액의 크기와 무관하게 이득기회의 상실보다는 직접적인 손실에 더 민감합니다.

Q44 고객이 굳이 현 상태로부터의 변화를 원하지 않기 때문에 신규 금융상품 가입을 꺼립니다. 어떻게 해야 할까요?

새로 출시된 금융상품에 가입하는 것은 기존 상태로부터의 변화를 의미합니다. 예를 들어 새로운 적금 상품에 가입하는 것은 고객 입장에서는 탐색의 번거로움, 상품에 대한 적응과 철회의 어려움 등을 의미합니다. 그렇기 때문에 신규 상품의 혜택에 대한 뚜렷한 확신이 없이 고객은 현 상태로부터의 변화를 굳이 추구하지 않습니다. 이러한 고객의 변화 기피경향을 극복하기 위해서는 상품 선택 시점에서의 위험 부담을 줄여주는 것이 필요합니다. 예를 들어 신입직원의 연금저축 가입률을 높이기 위해 금융기관은 이들 신입직원들에게 우선적으로 상품 가입을 하도록 한 뒤, 일정기간 이내에 가입을 철회할 수 있는 조건을 부여할 수 있습니다.

이처럼 현 상태에서 변화를 유도하되 융통성 있는 대안 제시를 통해 의사결정자의 부담을 줄이는 방식을 부드러운 개입이란 의미로 넛지전략이라고도 부릅니다. 누구나 월 소득대비 저축률을 높이고 싶어하겠지만 현재의 높은 소비성향과 라이프 스타일을 갑자기 바꾸는 것은 쉬운 일이 아닙니다. 이러한 고객들을 위해서 매우 적은 금액으로 시작하여 점진적으로 저축의 규모를 늘려나가는 저축 증대 프로그램을 시도해볼 수 있습니다. 미래의 재무적 상황에 대해 고객은 낙관적으로 판단하는 경향이 있으며 현재시점의 소비를 크게 변화시키는 것이 아니므로 많은 고객들이 점진적 저축 증대 프로그램에 대 심리적 저항을 적게 가집니다. 이처럼 변화를 꺼리는 고객에게 변화에 따른 손실감을 최소화함으로써 자사 상품에 대한 선택을 높이고 고객의 금융 웰빙 증대도 꾀할 수 있습니다.

넛지 전략의 활용 | 미국의 점진적 저축 증대 프로그램

미국 퇴직연금 제도에서 또 다른 넛지의 사례는 바로 '점진적 저축 증대(Save More Tomorrow)' 프로그램이다. 누구나 은퇴준비의 필요성은 공감하지만 당장 생활비를 줄여야 한다는 부담 때문에 저축을 늘리기란 쉽지 않다. 이런 딜레마를 해결하기 위해 일부 기업은 근로자의 급여가 인상되면 퇴직연금 납입액이 자동으로 늘어나도록 했다. 조사결과에 따르면, 약 3년 4개월 동안 이 제도를 시행한 기업 근로자는 월급 중 퇴직연금 납입액 비중이 타사 근로자에 비해 4배 이상 높았다. 점진적 저축 증대 제도는 현재 피델리티를 포함한 미국 내 대부분의 운용사들이 활용하고 있다. 이처럼 미국은 성공적으로 퇴직연금제도를 도입하면서 국민들이 안정적으로 노후 준비를 할 수 있도록 돕는 동시에 미국 증시의 부흥을 이끌어 많은 국가들의 벤치마킹 대상이 되고 있다.

출처: 중앙일보 홈페이지 http://news.jtbc.joins.com/(2014년 11월 7일자 기사 요약)

Q45

금융고객에게 있어서 기존 펀드투자 계좌를 잘 마감하는 것과 새로운 펀드 계좌를 개설하는 것 중에서 어느 것이 더 중요한가요?

소비자들은 기본적으로 자신이 보유해온 상품에 대해 정서적 애착을 갖습니다. 이는 금융소비자에게도 마찬가지로 적용되어, 이들 소비자들은 자신이 보유한 금융상품에 애착을 가집니다. 기존의 계좌를 마감할 때에는 이득 혹은 손실이 발생하기 마련이며 고객에게 오랜기간 보유해온 계좌에 대한 이득과 손실을 확정 짓는 과정은 미래의 이득을 기대하고 신규계좌를 개설하는 것보다 더 구체적이고 중요하게 인식됩니다. 따라서 금융고객이 기존 계좌를 잘 마감하도록 돕는 것이 새로운 계좌 개설보다 중요합니다. 금융 고객을 위해 신규 금융상품의 장점을 부각시키는 노력과 더불어 기존 계좌를 잘 마감할 수 있도록 돕는 각별한 노력이 요구됩니다.

Q46
보험상품에는 기본이 되는 주계약과 다양한 선택적 특약들이 포함되어 있습니다. 이를 통합적으로 제시하는 것과 개별적으로 하는 것 중 무엇이 더 효과적인가요?

보험상품의 제시 전략에는 주거래 계약과 선택 옵션을 하나의 패키지로 통합하여 전체적인 가격을 제시하되 불필요한 특약은 제외할 수 있도록하는 하향식 옵션방식과, 주거래 계약의 가격을 제시하고 고객의 필요에 따라 특약을 더하도록 하는 상향식 옵션전략이 있습니다. 하향식 옵션방식의 경우, 선택 옵션에 대해 구매의 필요성보다 제거의 이유를 중심으로 의사결정을 하기 때문에 옵션을 제거해야 하는 이유를 발견하기 어렵고 결과적으로 많은 옵션들이 그대로 포함되는 결과를 가져옵니다. 이러한 이유로 하향식 옵션전략은 고객의 평균 구매액을 증가시키는 효과가 있습니다. 반면 주거래 계약을 중심으로 특약 사항을 선택적으로 더해가는 상향식 옵션전략은 의사 결정마다 고객이 지불해야 하는 금액이 증가하여 소비자의 손실인식을 증대시킵니다. 또한 개별 선택 옵션에 대해 구매의 필요성을 중심으로 의사결정을 하기 때문에 반드시 필요한 옵션만이 최종 선택에 포함되는 결과를 초래합니다. 그럼에도 불구하고 옵션이 포함된 가격은 기본 주거래 가격을 기준으로 비교 평가되어 상대적으로 비싸게 느껴지기도 합니다. 이러한 이유로 상향식 옵션전략은 평균 구매액도 전반적으로 낮추는 결과를 낳게 됩니다.

Q47 보험상품 중에서 만기 환급형이 소멸형보다 더 선호되는 이유는 무엇인가요?

　　고객이 잔존가치가 거의 없는 오래된 물건에 대해서 심리적 애착을 가지고 처분하지 못하는 것은 손실감 때문입니다. 일반적으로 고객은 오랜 기간 보유한 보험상품에 만기 시점이 도래했더라도 아직까지 해당 상품에 효용가치가 있다고 믿는 경향이 있습니다. 따라서 고객은 금융상품에 대해서도 만기 시 그대로 소멸되어 버리는 순수 보장형 상품보다는 보장뿐 아니라 만기 시에 환급금이 함께 지급되는 형태의 보험 상품을 더 선호하게 됩니다. 그러므로 장기 보험 상품은 적은 금액이더라도 단순보장형보다는 만기환급형으로 설계함으로써 만기 시점 고객의 심리적 손실감을 효과적으로 완화시킬 수 있습니다.

Q48 보험상품의 특약사항에는 주계약에서의 보장을 확대하는 특약과 주계약에서는 보장되지 않았던 새로운 특약이 있습니다. 어떤 특약사항에 마케팅 노력의 우선순위를 부여해야 할까요?

기존 주계약에서의 보장을 더욱 확대하는 특약은 잠재적인 위험에 대한 안도감을 증대시키는 장점과 함께 기존의 보장한도가 너무 적은 것은 아닌지에 대한 의구심을 동시에 제공합니다. 예를 들어 자동차 보험의 경우, 주계약에서 대물 손실을 1억원까지 보장해주는 경우와 5천만원까지 보장하되 특약을 통해서 한도를 1억원으로 상향 조정할 수 있는 경우가 있습니다. 이러한 특약은 고객으로 하여금 주 계약의 보장 매력도를 낮추는 효과가 있습니다. 이는 마치 노트북 컴퓨터 구매 시 옵션으로 제공되는 확장메모리가 기본 메모리 용량에 대한 의구심을 갖게 하는 것과 마찬가지입니다. 동시에 보장의 범위를 늘리기 위한 특약에 대한 추가적인 비용은 고객의 손실인식을 증폭시킬 수 있습니다. 따라서 고객이 일반적으로 적정하다고 여기는 보장의 범위를 주계약을 통해 보장해주되 그 이상의 항목들은 별도의 옵션을 통해 고객에게 제공할 필요가 있습니다. 기본제품이 최소한의 기대를 충족시키지 못한다면 고객은 해당 대안을 선택하지 않을 것이기 때문입니다. 결국 보험 특약사항의 관리에 있어서 주계약에서 보장되지 않았던 새로운 특약사항을 발굴하는 것이 주계약의 보장을 확대하는 것보다 우선순위를 갖는다고 할 수 있겠습니다.

Q49

고객이 금융상품에 대한 비용을 손실로 인식하는 경우가 많습니다. 이러한 손실인식을 줄일 수 있는 방법에는 어떠한 것이 있을까요?

고객의 금융상품에 대한 비용 인식을 줄이는 방법에는 여러 가지가 있을 수 있습니다. 첫째, 고객이 지불하는 비용에 대한 불확실성을 줄여주는 노력이 필요합니다. 전체 금액에 대한 불확실성이 손실에 대한 인식을 더 크게 하는 경향이 있으므로 발생한 비용의 내역을 효과적으로 제시하는 것이 중요합니다. 둘째, 고객이 비용으로 인식하는 각종 수수료는 통합하여 한 번에 부과하는 것이 여러 번에 걸쳐 부과하는 것보다 효과적입니다. 따라서 전체 금액에 대한 수수료를 한번에 내도록 함으로써 고객은 펀드운영에서 나오는 혜택과 수익에 더 집중할 수 있습니다. 예외적으로 통합된 비용을 고객이 한 번에 지불하기 부담스러워 하는 경우에는 이에 대한 분납을 고려해볼 수 있습니다. 셋째, 고객에게 비용지불의 시점을 선택할 수 있도록 하는 것도 손실경감의 효과를 가져옵니다. 이를 위해 펀드운영 수수료를 선취와 후취수수료 중 하나로 단순화하거나 비용 지불방식에 대한 다양한 선택권을 제공하는 것이 고객의 부담감을 줄이는 데 효과가 있습니다.

금융 고객의 비용인식 감소 전략 | 특성에 따른 펀드상품 수수료 부과 방식의 다양화

펀드투자 수수료 체계   자료: 금융투자협회 등

클래스	선취수수료	후취수수료	보수
A	있음	없음	낮음
B	없음	있음	낮음
C	없음	없음	높음
D	있음	있음	낮음
E(온라인전용)	없거나 낮은	없거나 낮은	낮음
S(펀드슈퍼마켓전용)	없음	낮음	낮음

일종의 펀드 온라인 쇼핑몰인 '펀드 슈퍼마켓'은 펀드 유형을 나눠 펀드 이름 뒤에 알파벳 대문자로 표시한다. A클래스 펀드의 경우 펀드 가입 시 내는 선취판매수수료가 크고 보수는 낮은 편이다. B클래스 펀드는 선취판매수수료가 없는 대신 펀드를 환매할 때 후취판매 수수료를 낸다. C클래스 펀드는 선취, 후취 판매수수료가 없지만 대신 운용보수가 높다. D클래스는 다소 낮은 수준의 선취, 후취 수수료가 모두 부과된다. E클래스는 온라인전용 클래스로 오프라인 펀드에 비해 전반적으로 수수료가 낮다. S클래스는 기존 온라인전용 펀드보다도 수수료가 낮다. 펀드 클래스는 펀드 투자기간과 밀접하게 연결된다. 예를 들어 같은 펀드에 가입하더라도 짧은 기간 가입하는 투자자에게는 가입이나 환매시에 수수료를 많이 낼 필요가 없는 C클래스가 유리하다. 장기간 가입하는 투자자는 일회성 수수료가 높더라도 각종 보수가 적은 A클래스가 유리하다.

출처: 한겨레신문 홈페이지http://www.hani.co.kr/(2014년 5월 15일자 기사 요약 발췌)

Q50 금융고객의 손실인식을 줄이기 위한 방법으로써 상품은 어떻게 설계되어야 하나요?

고객의 손실 회피로 인한 소극적 투자 성향을 극복하기 위해서는 상품 설계 시 고객에게 더 많은 선택권을 제공하는 방법이 있습니다. 일년 정기예금 대신 매 3개월마다 해약이 가능한 정기예금, 원금 보장 투자 상품 등이 그러한 예입니다. 또한 신용카드 리볼빙 계정의 결제 비율을 고객이 선택하게 하거나, 상환의 방법 및 시기 등을 고객이 결정하는 것도 이에 해당합니다. 보험이나 펀드 투자 상품계약을 일정기간 안에 철회가 가능하도록 하거나 최소이익을 보장하는 것도 고객에게 발생 가능한 손실을 회피할 수 있도록 하는 방식이 됩니다.

선택의 폭 확대를 통한 금융고객 손실인식 감소 전략

씨티 리볼빙카드와 일반 신용카드의 차이점

구분	씨티 리볼빙 카드	일반 신용카드
결제방식	결제일에 최소결제 금액 이상 결제*	결제일에 총 청구금액 결제
연체	당월 최소 결제 금액이 결제되지 않을 경우	총 청구금액이 결제되지 않을 경우
재출금 여부	연체상태로 결제금액이 최소결제 금액 미만시	연체상태로 결제금액이 총 청구금액 미만시

*결제일에 총 청구금액을 결제하지 않고 최소결제금액 이상을 결제한 경우 일부결제금액이월약정으로 전환되며 일부결제금액이월약정 수수료가 부과됩니다.

출처: 씨티은행홈페이지 http://www.citibank.co.kr/

Q51 금융상품에 투자한 고객에게 이득과 손실이 동시에 발생한 경우 어떠한 방법이 고객만족 증대에 보다 효과적인가요?

고객이 투자한 다양한 상품에 대해 이득과 손실이 복합적으로 발생한 경우, 이득은 분리하고 손실은 통합하여 보고하는 것이 고객만족의 관리에 효과적입니다. 첫째, 고객의 투자에 대한 이득이 여러 차례 발생한 경우 이를 여러 번에 걸쳐 나누어 줄 때 기대적응효과가 적고 고객만족이 커집니다. 둘째, 여러 번 발생한 손실은 전체 금액으로 통합처리하는 것이 손실로 인한 상실감을 줄여줍니다. 셋째, 고객에게 커다란 이득과 적은 손실이 동시에 발생할 때에는 통합 처리하는 것이 효과적입니다. 즉 고객에게 투자수익금을 주고 또다시 관련 비용을 내도록 하는 것보다는 관련비용을 제하고 수익을 주는 것이 고객의 만족관리에는 효과적입니다. 왜냐하면 이러한 방법은 적은 금액이더라도 별도의 손실감이 부각되지 않게 하기 때문입니다. 넷째, 커다란 손실과 적은 이득이 발생했을 때에는 각각을 별도로 처리하는 것이 효과적입니다. 통합하더라도 어차피 손해를 입었다면 적지만 수익을 거둔 부문에 따른 만족감을 느낄 수 있도록 하는 것이 더 나은 방법이기 때문입니다. 예를 들어 큰 투자원금 손실과 보유주식으로 인한 배당수익이 동시에 발생한 경우에는 이를 구분하여 처리하는 것이 원금 손실로 인한 상실감을 줄여주고 어려운 가운데에서도 긍정적인 측면을 보게 하는 효과가 있습니다.

Chapter 04
금융고객
만족
관리

FINANCIAL
MARKETING

Q52

다양한 혜택을 제공하는 고가의 신용카드를 출시하였습니다만 고객은 신용카드가 제공하는 혜택보다는 연회비 중심의 가입 결정을 내리고 있습니다. 어떤 마케팅 조치가 필요할까요?

우선 해당 상품의 목표고객에 대한 검토가 필요합니다. 마케터는 고객의 소득수준, 지불 의향, 가격민감도 등을 검토하여 자사 상품과 목표 고객이 부합하고 있는지에 대해 파악해야 합니다. 현재 자사 상품과 목표고객 간의 적합성이 충분한데도 불구하고 고객들이 가격중심적인 의사결정을 고수하고 있다면 다음과 같은 마케팅 조치가 필요합니다.

첫째, 고객이 신용카드가 제공하는 차별적 혜택을 충분히 인식하지 못하는 경우, 신용카드사는 혜택에 근거한 연회비 가격차별화 전략을 통해서 혜택과 연회비 가격과의 관계를 분명하게 제시하여야 합니다. 즉 연회비 가격에 따른 분명한 혜택의 차이를 비교 가능하도록 제시하여 고객이 인지하는 품질과 가격의 관계 인식을 강화하는 것입니다. 현대카드 M2의 경우 연회비가 35,000원으로 M보다 2만원이 비싸지만 플레티늄 서비스를 제공함으로써 혜택의 차이를 명확히 하고 있습니다. 둘째, 고객의 차별적 혜택에 대한 관심, 즉 혜택에 대한 민감도를 높여야 합니다. 고객이 혜택에 대한 관심이 적은 경우에는 초고가의 상품이 제공하는 차별적 혜택을 강조함으로써 혜택에 대한 관심과 민감도를 높일 수 있습니다. 마지막으로 고객의 연회비에 대한 가격 민감도를 낮추려는 노력도 필요합니다. 이를 위해 고객의 가격 비교의 기준점이 타사 상품의 연회비에서 자사 상품이 제공하는 혜택으로 전환되도록 해야 합니다. 또한 혜택의 증가에 따른 차등적 연회비의 증가를 명시적으로 보여줌으로써 불필요한 가격민감도를 낮출 수 있습니다. 더불어 연회비 후불제도도 신용카드 고객의 연회비에 대한 심리적 저항감을 줄이는 데 도움이 될 수 있습니다. 즉 소비자들이 신용카드 가입시점에 느끼는 불안감을 줄여줌으로써 이들이 사용혜택에 집중하도록 할 수 있습니다.

연회비
국내 전용: 15,000원

적립률		
구분	**이용금액**	
	기본 50만~100만원 미만	x 1.5배 100만원 이상
버스, 지하철, 택시, 영화, 공연, 서점, 커피, 베이커리, PRIVIA(항공 제외), 피자헛, VIPS 등 제휴 외식처	2%	3%
편화점, 보험, 화장품, 이미용	1%	1.5%
외식, 온라인 쇼핑몰, 통신, 의류/제화/잡화	0.7%	1.05%
백화점, 면세점. 홈쇼핑, 대형마트, 슈퍼, 가전, 가구, 학원/학교, 병원/약국, 주유, 차량정비, 서비스업종, 호텔/숙박, 항공, 해외 및 공동 가맹점 이용 등	0.5%	0.75%

연회비
국내 전용: 35,000원

적립률		
구분	**이용금액**	
	기본 50만~100만원 미만	x 1.5배 100만원 이상
버스, 지하철, 택시, 영화, 공연, 서점, 커피, 베이커리, PRIVIA(항공 제외), 피자헛, VIPS 등 제휴 외식처	2%	3%
편화점, 보험, 화장품, 이미용	1%	1.5%
외식, 온라인 쇼핑몰, 통신, 의류/제화/잡화	0.7%	1.05%
백화점, 면세점. 홈쇼핑, 대형마트, 슈퍼, 가전, 가구, 학원/학교, 병원/약국, 주유, 차량정비, 서비스업종, 호텔/숙박, 항공, 해외 및 공동 가맹점 이용 등	0.5%	0.75%

플래티늄 서비스

외식
- 스타벅스, 커피빈, 탐앤탐스, 엔제리너스, 투썸플레이스커피전문점건당 500원 할인
  (본인+가족 1일 1회 / 연간 30회 한도)

문화
- CGV, 메가박스 3,000/6,000원할인 (월 1회, 연간 6회)
- 현대카드 MUSIC 이용권추가 10% 할인 (월 1회, 연간 12회)

쇼핑
- 롯데, 신세계프리미엄아울렛 10% 할인 (월 1회, 연간 2회, 건당 1만원)
- 유니클로, ZARA 10% 할인 (월 1회, 연간 2회, 건당 1만원)

자동차
-서울 및 대도시제휴주차장 주말 무료주차 (1일 1회, 연간 20회)

보험
- 현대라이프ZERO 보험상품청구 할인 (월 1건, 연간 12회, 연 3만원)
- 2개 이상의 ZERO 보험상품결제시 1건에 대해서만 연간한도 내에서 할인

출처: 현대카드 홈페이지 https://www.hyundaicard.com/

Q53 금융서비스를 고객화하는 방법에는 어떤 것이 있나요?

금융 서비스 고객화는 고객별 욕구에 맞는 서비스를 제공하여 고객만족을 증진시키는 전략을 의미합니다. 이러한 서비스 고객화를 위해서는 목표고객의 욕구를 파악하는 것이 중요합니다 서비스 고객화에 대한 고객의 욕구는 서비스 상품관련, 서비스 제공 시간 관련, 그리고 서비스 전달 과정 관련 영역으로 세분화될 수 있습니다.

첫째, 서비스 상품을 구성함에 있어 고객에게 다양한 선택옵션을 부여하는 것이 가능합니다. 예를 들어 대출상품의 경우에도 변동이자와 고정이자의 비중을 고객이 선택하게 하여 이자 납입 방식에 대한 고객의 개별화된 선호를 반영하는 것이 가능합니다. KEB하나은행의 경우 일년 고정금리 예금상품 대신 매 3개월마다 금리 변경이 가능한 3.6.9 예금상품을 개발함으로써 고객의 예금 기간 및 금리에 대한 선호를 반영하였습니다. 또한 신용카드의 경우, 고객의 소비 패턴과 라이프스타일을 반영하여 가입 시 포인트 적립률이 높은 업종을 선택할 수 있도록 하였습니다.

둘째, 서비스 제공 시간을 고객화하기 위해 KB국민은행의 경우 정오부터 저녁까지 운영하는 탄력운영 점포를 실행하고 있으며, 주말과 야간 영업시간을 확대하여 고객의 시간에 대한 욕구를 충족시켜주고자 노력하고 있습니다.

셋째, 서비스 전달과정과 관련하여 프라이빗 뱅킹 서비스를 통한 고객 맞춤 서비스를 제공하는 것은 물론, 쇼핑몰 내 샵인샵 형태의 점포 등을 통해 고객의 다양한 욕구를 고객이 원하는 장소에서 원 스톱으로 제공하는 것도 가능합니다. SC은행은 마트와 백화점에 미니 점포로 입점하여 태블릿PC로 업무를 처리하는 미니영업점(뱅크숍 · 뱅크데스크)을 확대하고 있는데, 이곳은 마트와 백화점의 영업시간에 맞춰 야간과 주말에도 금융서비스를 이용할 수 있다는 장점이 있습니다. 뱅크숍은 직원 2~3명이 상주하며 고객은 태블릿 PC로 현금출납을 제외한 대부분의 업무를 볼 수 있습니다. 더 나아가 한 명의 직원만 상주하는 뱅크데스크 점포도 운영함으로써 접점 확대를 통한 고객 편의 극대화를 위해 노력하고 있습니다.

이러한 서비스의 상품, 제공 시간, 전달방법의 고객화는 고객의 욕구에 맞게 다양한 조합으로 구성될 수 있습니다. 또한 세 가지 요소 모두를 고객화하는 것뿐만 아니라 일부 요소만을 고객화하고 나머지 요소는 표준화하는 등 다양한 조합의 고객화 전략이 가능합니다. 일반적으로 이러한 서비스 상품, 소요 시간, 전달방법의 고객화는 더 높은 비용이 수반되므로 고객이 높은 수준의 서비스를 원하고 상대적으로 가격에 덜 민감한 경우에 적합한 서비스 전략이라고 할 수 있습니다.

금융서비스 고객화 전략 | 비대면 맞춤 서비스

신한은행은 '스마트WM센터'를 출범해 은행을 방문하기 어려운 우수고객을 대상으로 비대면 고객자산관리 서비스를 제공한다고 5일 밝혔다. '스마트WM센터'에는 각종 금융관련 전문자격증을 보유하고 영업점 우수고객 전담관리 경험이 풍부한 직원들이 배치되어, 신한은행 거래 우수고객 중 영업점 방문이 어려웠던 고객들 대상으로 비대면 채널을 활용해 개인별 전담 자산관리 서비스를 제공한다. 세무/부동산/펀드 등 다양한 분야 전문가들의 1:1 맞춤형 자문서비스와 예/적금, 대출 등 각종 은행 업무에 대한 상담을 받을 수 있으며, 신한S뱅크의 '스마트케어 매니저' 메뉴를 통해 자산관리 분야의 이슈리포트와 직원 코멘트도 받아볼 수 있다. 신한은행 관계자는 "최근 모바일을 통한 금융거래가 활발해지고 우수고객들의 스마트기기 이용률이 높아지고 있다"며, "신한은행의 우수고객관리 분야에 축적된 최고수준의 맞춤 자산관리 서비스를 모바일을 통해 제공할 계획이다"고 말했다. 한편 신한은행은 2012년 국내 최초로 비대면 전담 영업조직인 스마트금융센터를 출범해 스마트펀드센터, 스마트론센터 등을 통해 비대면 자산관리를 진행했으며, 이번 '스마트WM센터' 출범을 통해 우수고객 비대면 전담관리 영역까지 확대해 비대면 자산관리 서비스에 앞장서고 있다.

출처: 중앙일보 홈페이지 http://news.joins.com/(2015년 8월 5일자 기사)

Q54 비용효율화를 위해서 금융서비스를 표준화하려고 합니다. 어떤 방법이 있을까요?

금융 서비스의 표준화 역시 서비스 상품, 제공시간 및 제공방법 차원의 표준화로 나눠볼 수 있습니다. 첫째, 금융상품의 표준화는 유사한 상품을 선호하는 고객들로 목표고객을 한정하거나 고객들에게 유사한 금융상품을 제공하는 전략입니다. 신혼인 소비자 대상 주택마련 금융상품, 군 복무중인 장병들을 위한 상품 등이 그 예입니다. 둘째, 서비스 제공 시간 차원의 표준화를 위해서는 서비스를 예약제로 운영하거나 인센티브를 통한 수요분산의 방법이 가능합니다. 은행 지점이 비교적 한가한 이른 오전 시간에 은행 계좌를 개설하는 경우 우대금리를 적용하는 예금, 오전에 사용하면 더 많은 할인 혜택을 부여하는 신용카드 등은 고객 인센티브를 통해 수요를 분산시키는 시간 표준화 전략의 일환입니다. 일반적으로 은행고객의 내점율을 오전과 오후로 나누어 비교하면 4 : 6 정도의 비율을 가진다고 합니다. 오전 11시 이전의 점포 활용도가 낮은 점을 고려하여 KB국민은행의 Early Bird 예금은 11시 이전에 예금 계좌를 개선하는 고객에 대해 우대 금리를 제공하고 있습니다. 미국의 경우에도 오후 고객이 오전보다 40% 정도 많은 점을 고려하여 오전 고객에게 0.3% 정도의 우대금리를 제공하거나 송금 수수료를 할인해주는 정책을 사용하기도 합니다. 셋째, 금융 서비스의 전달방법을 단순화하고 표준화하기 위해서 각종 자동화 기기를 사용할 수 있습니다. 무인창구에 터치 스크린과 IT 기술을 활용한 스마트 점포, 인터넷 뱅킹, 카페식 무인점포 등이 있습니다. 또한 공중전화, 콘테이너, 그리고 편의점 등을 활용한 자동화 창구는 고객의 접근성을 높이기 위한 금융서비스 전달방식입니다. 금융서비스의 표준화도 고객의 욕구에 따라 상품, 시간, 전달방법의 표준화라는 다양한 구성의 조합이 가능합니다. 이러한 금융서비스의 표준화는 고정시설에 대한 투자와 운영비용을 절감하는 결과를 가져오고 이는 가격에 민감하고 비대면적 접촉과 셀프서비스를 선호하는 고객에게 적합한 전략입니다.

금융서비스 표준화 전략 | 스마트 무인 점포의 확대

우리은행 '위비 스마트 키오스크 (Wibee Smart Kiosk)'는 금융업무에 생체 정보, 영상 통화 등 핀테크 기술을 접목해 평일 저녁, 주말 및 휴일에도 영업점 창구 업무가 가능하다. 금융업무는 예금·카드·대출·외환·온라인뱅킹·펀드 등 전체 창구 업무의 85%가 가능하며, 내년 2월까지 추가 개발을 통해 전체 106개 업무를 모두 구현할 예정이다. 복수의 바이오 인증 방식(홍채, 지문, 손바닥 정맥)을 적용하고, 키오스크 최초로 신규 가입시 실물 통장 발급이 가능하다. 화면구성을 사용자에게 가장 익숙한 스마트폰 형태로 구성해 편의성을 높이고, 최초로 전면 화면을 2개로 분할 구성해 은행 및 상품 홍보, 키오스크 이용안내, 직원 영상통화 등 다양하게 활용이 가능하게 했다. 현재 본점 영업부, 명동금융센터 등 총 29개 지점에 키오스크 50대가 배치됐으며, 우리은행은 지속적으로 확대 배치하고 더 나아가 다양한 기능을 개발 또는 제휴해 추가할 계획이다.

신한은행은 서울 마포구 서교동에 'S20 홍대입구 스마트 브랜치(Smart Branch)'를 개점했다. 국내 최초로 바이오 인증서비스(손바닥 정맥 인증방식)를 적용해 통장 및 인터넷뱅킹·체크카드 신규 등 107가지의 영업점 창구 업무가 가능한 'Your Smart Lounge(이하 스마트라운지)'를 배치해 기존 입출금창구 업무의 90% 이상을 야간과 주말에도 편리하고 빠르게 이용할 수 있다. 신한은행은 이미 지난 8월에 원주와 인천에 스마트브랜치 2개점을 신설해 미래형 점포에 대한 시범운영을 해왔다. 지난 3개월간 스마트브랜치를 운영한 결과, 상담창구의 단순업무 처리는 기존 점포대비 45% 이상 감소했고, 입출금창구에 직원과 함께 배치된 스마트라운지(옛 디지털 키오스크)에서는 대면창구에서 발생하는 단순업무의 30% 이상이 거래되고 있다. 또 입출금창구를 통한 단순업무 처리량 증가 및 업무처리 속도 개선으로 상담거래 비중이 기존 점포내비 25% 이상 증가해 전문적인 상담을 원하는 고객들에게 깊이 있는 상담이 가능해졌다.

출처: EBN 홈페이지 http://www.ebn.co.kr/(2016년 12월 9일 기사 요약 발췌)

Q55 금융서비스에 대해 고객이 인지하는 서비스 품질은 어떻게 결정되나요?

고객이 인지하는 금융서비스 품질은 기능적 품질과 체험적 품질에 의해 평가됩니다. 기능적 품질은 금융상품의 기본적 기능 및 결과물에 관련된 품질을 말하며 서비스 제공자의 전문성과 지식에 의해 영향을 받습니다. 서비스의 체험적 품질은 서비스 제공자의 공감능력과 친절도, 고객의 욕구를 즉시 처리하는 성향, 서비스 시설 등 주로 서비스의 전달방식에 의해 결정됩니다. 고객이 서비스 전달과정에서 느낀 체험적 요소들은 서비스 성과를 유추하는 주요단서로 작용하게 됩니다. 금융상품에 대한 지식이 많은 고객은 서비스 전달자의 전문성을 친절도 혹은 물리적 시설보다 중요하게 생각합니다. 그러나 금융상품에 대한 지식이 적은 경우 고객은 보다 더 서비스 전달과정에서의 체험적 요소에 근거하여 기능적 품질을 유추하는 경향이 있습니다. 또한 서비스 제공자의 전문성이나 지식과 같은 기능적 품질에서 큰 차이가 없는 경우에도 고객은 서비스 전달 과정에서의 체험적 품질을 차별화의 요소로 여기게 됩니다.

금융서비스 품질인식의 개선 | 우리은행 Two Chairs Center

고객과의 win-win 전략, 실력과 마음으로 다가서라
서현역 지점 TWO CHAIRS CENTER

우리은행 WM 전략부, WM 자문센터가 한 팀이 되어 예금, 대출, 외환 등의 은행 고유의 서비스뿐만 아니라 세무, 부동산, 종합자산관리까지 모든 금융상품을 한자리에서 제공해 드리는 신개념 PB영업특화센터입니다.
출처: 우리은행 홈페이지 https://spot.wooribank.com/

Q56 금융 서비스에 대한 실패로 고객불만이 생긴 경우 고객은 어떻게 대응하나요?

고객의 금융서비스에 대한 불만은 서비스 실패에서 시작됩니다. 서비스 실패는 고객이 자신에게부과된 가격이 남들과 달라 불공정하다고 느끼거나, 처리순서와 규정이 공정하지 못하다고 여기는 경우, 혹은 응대과정이 무례하거나 불친절하다고 느끼는 경우 발생합니다. 고객은 서비스 실패가 사전에 예방가능했는지 혹은 불가피한 상황이었는지를 판단한 후 기업차원에서 예방이 가능했던 실패에 대해서 불만을 가지게 됩니다. 그러나 문제 발생 원인에 대한 판단이 어려운 경우에 고객은 서비스 실패의 원인을 외부 환경 탓으로 돌리기보다는 개인 서비스 제공자 혹은 기업의 탓으로 돌리는 경향이 있습니다. 그리고 동일한 서비스 실패가 또다시 발생할 가능성이 높거나 기업이 해당 문제를 해결할 능력이 있다고 판단되는 경우 고객은 적극적인 불만표출을 통해서 경제적·심리적 보상을 추구합니다. 하지만 회사의 문제 해결 능력에 대한 신뢰가 적고 다른 대안으로의 이탈이 어렵지 않은 경우 고객은 불만을 표출하는 대신 조용히 거래 관계를 이탈하는 경향이 있습니다. 그리고 기업의 서비스에 대한 불만이 있지만 다른 대안으로의 전환이 어려운 경우에는 부정적 구전을 퍼트림으로써 불쾌한 감정을 해소하거나 인내하면서 기존의 관계를 유지합니다. 따라서 기업은 고객으로 하여금 자신의 불만을 적극적으로 표출함으로써 문제를 해결할 수 있는 소통의 창구를 마련해주는 것이 중요합니다.

고객 소통창구의 마련 | KB국민은행 호민관 사례

KB호민관은 고객의 다양한 의견수렴을 위한 KB국민은행의 대표 고객패널 제도이다. 이번에 선발된 호민관은 10대 1의 경쟁률을 거쳐 최종 선발됐다 10명의 호민관들은 오는 11월까지 6개월 동안 인터뷰, 창구서비스 체험, 온라인정보수집 등을 통해 개선과제를 도출하고 의견을 개진하게 된다. KB국민은행은 호민관의 의견을 은행 경영에 적극 반영해 고객 불편사항을 해소할 계획이다.

출처: 서울경제 http://www.sedaily.com/(2016년 5월 26일자 기사)

Q57 금융서비스 실패에 대해 기업은 어떻게 대처해야 하나요?

　　금융 기업은 고객이 서비스 실패에 대해 크고 작은 불만을 표출하도록 하여야 합니다. 이를 위해 불만을 표출할 수 있는 창구를 다원화하고 기업의 문제해결에 대한 의지를 전달함으로써 고객이 가급적 기업에게 직접 불만을 표출할 수 있도록 해야 합니다. 뿐만 아니라 표출된 문제에 대해서는 고객이 경험했을 문제 상황에 대한 정서적 공감 및 진정성 있는 사과를 통해 정서적 복구에 우선적인 노력을 기울여야 하며, 이러한 기반하에 경제적 혹은 상징적 보상을 제공하는 것이 필요합니다. 정서적 복구 없이 경제적 보상만을 제시하는 것은 고객의 분노를 더 크게 하는 요인이 되기도 합니다. 따라서 고객의 정서적 상황을 공감하고 서비스 실패의 원인, 복구프로세스 및 재발방지대책을 자세히 설명함으로써 전 과정에 대한 고객의 이해와 공감을 얻으려는 노력이 필요합니다. 성공적인 서비스 실패 복구는 고객의 부정적 감정을 줄여줄 뿐만 아니라 기업에 대한 고객의 신뢰를 회복하는 계기가 될 수도 있습니다. 하지만 아무리 성공적인 복구라고 하더라도 문제가 없었던 것보다는 못하므로 서비스 실패를 사전에 방지하도록 노력을 기울여야 합니다.

고객님께 사과드립니다.

롯데카드 고객님!

이번 개인정보 유출 사고로 고객님께 심려를 끼쳐드려 대단히 죄송합니다.
죄송스럽고 부끄러워 무어라 드릴 말씀이 없습니다.
롯데카드 전 임직원은 깊은 자책과 반성으로 고객님께 사과의 말씀을 드리며, 우선 지금까지의 상황을 말씀드립니다.

현재까지 저희가 파악한 내용과 검찰의 수사 결과 발표 등에 따르면,
작년 12월 저희 회사의 FDS(부정사용방지시스템)을 업그레이드 하는 과정에서
개발을 맡았던 신용정보회사의 개발 책임자가 고객님의 정보를 불법으로
수정하여 개인적으로 보관하였다가 검찰에 적발, 검거되었습니다.

창원지검 수사 결과 발표 내용

저희 롯데카드 고객님의 해당 개인정보는 성명, 주민번호, 카드번호, 휴대전화,
회사주소 등으로 개인별로 유출항목에 차이가 있습니다.
자세한 항목은 아래의 개인별 조회 버튼을 누르시면 확인 하실 수 있습니다.

개인별 조회

비밀번호는 포함되지 않았음이 확인되었으며, 검거 당시 최초 반출자가 개인적
으로 보관하고 있던 상태에서 그의 집에서 압수하여 유통이 사건에 차단된 것으
로 검찰이 발표하였습니다.

사고 후 저희 롯데카드는 만에 하나라도 있을지 모르는 고객님의 피해를 방지하기 위
하여 모든 임직원이 상시 비상운영체제를 가동하여 점검하고 있습니다.
이미 '고객피해대책반'을 설치하여 피해접수 증 구제 절차를 갖추고 있으며, 정보보안
전문기관의 컨설팅을 통해 실시간 모니터링과 통제가 한층 강화된 통합보안솔루션을
도입하는 등 재발 방지 대책의 수립과 적용에도 총력을

☐ 오늘 하루 이 창 열지 않기

출처: 롯데카드 홈페이지 http://www.newdaily.co.kr

Q58 금융서비스 제공자에 대한 권한위양은 고객만족으로 이어지나요?

일선 금융서비스 제공자에 대한 기업의 권한위양은 업무처리방식과 물적자원 사용에 대한 선택권을 부여하는 것을 의미합니다. 이와 같은 권한위양은 현장에서의 즉각적인 고객 응대를 가능하게 할 뿐만 아니라 직원들의 직무만족도와 회사에 대한 일체감을 높이는 역할을 합니다. 또한 일선 관리자의 자율성을 존중하는 업무 환경은 타 서비스 제공자에 대한 시민행동을 높이고 이는 결과적으로 고객의 만족으로 이어집니다.

Q59 대기시간으로 인한 고객 불만이 자주 발생합니다. 대기선은 어떻게 관리하는 것이 좋은가요?

고객의 대기라인을 설정함에 있어서 대기 순서대로 서비스를 받는 절차적 공정성을 확립하는 것이 중요합니다. 즉 고객이 넓고 쾌적한 환경에서 대기시간에 대한 정보를 파악하고 순서대로 대기하도록 하는 것이 중요합니다. 미국의 한 투자 은행의 경우 초우량 고객을 15초 이상 기다리지 않게 하겠다는 내부 지침을 가지고 있으며, 웰스 파고 은행은 고객의 접근성을 높이기 위해 슈퍼 및 약국에 지점을 추가로 설치하였을 뿐만 아니라 지점에서의 고객 대기시간이 3분이 넘지 않도록 대기시간을 관리하고 있습니다. 고객 방문 시 상담필요 여부를 미리 확인하여 단순업무는 자동화 창구를 활용하게끔 하는 것도 대기 시간을 줄이는 방법이 됩니다. 대기자가 많아 대기시간이 길어지는 경우에는 새로운 창구를 개설하되 기존 순서대로 서비스가 제공되도록 새로운 라인을 먼저 만들고 창구를 개설하는 것이 필요합니다. 창구를 기능별로 나누는 것보다 창구직원들이 다양한 업무를 처리할 수 있도록 하는 것도 창구활용의 효율성을 높이는 효과가 있습니다. 대기선에서 불만고객이 발생한 경우에는 별도의 장소에서 고객의 불만을 해결하도록 하는 것이 중요한데, 이는 타인이 보고 있는 경우에는 작은 불만도 커다란 분노로 증폭될 수 있기 때문입니다.

대기 시간의 전략적 관리 | DBS/POSB의 SMS 대기 시스템

싱가포르 최대 은행인 DBS/POSB는 'SMS 대기 시스템(SMS Queue System)'을 도입해 실행하고 있다. 은행에 가기 전 'Q'문자를 보내 본인의 대기번호를 미리 확인할 수 있다. 더 이상 은행에서 차례를 기다리며 무료하게 시간을 보내지 않아도 되는 것이다. 제레미 수(Jeremy Soo) DBS 소비자 금융 부문장은 "SMS Q서비스는 고객들에게 대기 정보를 미리 제공해 고객들이 그들의 시간을 더 효율적으로 사용할 수 있도록 돕는 프로그램"이라며 "이 서비스를 통해 고객들이 우리 은행을 편하게 방문하기를 바란다"고 말했다.

SMS Q서비스 이용 방법은 다음과 같다.
1. 방문하고자 하는 은행지점에 'Q'를 입력하여 문자를 보낸다.
   (각 은행지점 별 전화번호는 DBS/POSB 홈페이지, 모바일앱 등에서 확인 가능)
2. 이용하고자 하는 은행 서비스를 묻는 문자를 받으면 선택해 답한다.
3. 대기번호와 현재 대기 중인 고객 수 안내 문자를 받는다.
4. 내 순서가 가까워지면 알림 문자가 다시 온다.
5. 만일 순서를 놓쳤을 경우 대기번호를 새로 받기 원하는지 묻는 문자가 온다.
   이를 통해 은행은 대기고객들로 붐비지 않아 보다 쾌적한 서비스를 제공할 수 있고 고객들은 차례를 기다리며 스트레스를 받지 않아도 된다. 모바일 활용도가 높은 우리나라에서도 벤치마킹하기에 좋은 '원-윈(win-win)' 프로그램이지 않을까 생각한다.

출처: 매일경제 홈페이지 http://m.mk.co.kr/(2016년 4월 5일자 기사 요약 발췌)

Q60 고객이 인지하는 대기시간을 줄이기 위해서는 어떤 조치가 필요한가요?

대기시간에 대한 불만을 줄이기 위하여 고객이 인지하는 대기시간을 이해하는 것이 필요합니다. 왜냐하면 고객은 객관적인 대기시간보다는 인지된 대기시간에 따라 반응하기 때문입니다. 일반적으로 소비자의 대기선에 대한 불만은 앞에 기다리는 사람의 수가 너무 많은 경우에 발생합니다. 그런데 대기선에 많은 사람이 있다는 것은 그 대기선이 기다릴 가치가 있다는 것을 의미하기도 합니다. 따라서 동일하게 긴 대기선이라고 할지라도 소비자들이 대기 중에 자신의 앞에 있는 사람들보다 자신의 뒤에 있는 사람들을 주목하도록 함으로써 자신의 진척 수준(목표 달성 정도)을 파악하도록 하는 것이 중요합니다. 즉, 물리적으로 줄을 서는 경우에는 뒤에 서 있는 사람들이 잘 보이도록 천장에 거울을 설치할 수 있고, 대기번호 등 가상의 대기선을 활용하는 경우에는 '내 앞에 몇 명이 남아있느냐'보다는 전체 대기자 가운데 자신의 위치를 알기 쉽도록 할 수 있습니다. 이러한 대기선 관리를 통해 소비자는 대기 자체를 더 의미있게 생각할 수 있으며 그렇기 때문에 대기 시간이 더 짧다고 인식할 수 있습니다.

고객이 대기하는 동안 호출 번호판만 보게 하기보다는 다른 읽을 거리와 볼거리를 제공하는 것도 좋습니다. 이 경우 호출 번호판과 TV 모니터를 같은 벽면에 설치하면 고객은 불안함 없이 창구호출번호를 확인할 수 있습니다. 대기자가 많은 경우에는 예상되는 대기시간을 사전에 공지하는 것도 필요한데 여러 차례에 걸쳐 추가 대기시간을 공지하는 것보다 전체 예상 대기시간을 한번에 알려주는 것이 더 좋습니다. 또한 대기 진척상황을 알려주면 고객의 대기에 대한 불확실성을 줄어들어 인지대기시간을 줄이는 효과가 있습니다.

인지대기시간의 감소 전략 | 대기 진척사항 및 볼거리의 제공

출처: 네오큐 홈페이지 http://www.neoqsys.co.kr/

Q61 금융고객의 편안한 대기를 위해서는 어떤 조치가 필요한가요?

　　때로 매장에 자리가 많음에도 불구하고 고객들을 들어온 순서대로 차곡차곡 앉히려는 경우를 봅니다. 좁은 공간에 고객들을 몰아서 기다리게 하는 것은 고객의 공간적 답답함을 증가시킬 뿐만 아니라 대기시간이 길다고 인지하게 만드는 요인이 됩니다. 그러므로 입장 순서대로 서비스가 진행되도록 대기표를 제공하고 고객이 원하는 위치에서 쾌적한 상태로 기다릴 수 있도록 하는 것이 필요합니다. 너무 덥거나 춥지 않은 쾌적한 온도, 지나치게 밝지 않은 조명, 너무 빠르지 않은 음악이 대기시간에 대한 각성을 줄이고 심리적 안정감을 제공합니다.

편안한 대기시간 관리 | 고객문화중심형 특화점포

은행 영업점을 가면 지루하고 복잡하다는 느낌을 받기 때문에 꼭 필요한 경우만 방문하는 경우가 대부분인데 이번에 개점한 '고객 중심형 특화점포'는 내점고객이 최대한 편안한 분위기에서 문화생활을 즐길 수 있도록 꾸며졌다. 일반 영업점과는 달리 창구 카운터를 없애고 대기용 의자도 안락한 소파로 대체했으며 번호대기표 대신 '스타벨'을 설치해 소음을 제거했다. 아울러 대기시간에 이용할 수 있도록 태블릿PC, 노트북 등도 비치했다. 또한 건물 로비에 설치된 미디어월을 통해 세계 미술 인상파 창시자인 '클로드 모네'의 '수련' 작품을 명화미디어영상으로 감상할 수 있다. 국민은행 관계자는 "앞으로 고객들이 은행 영업점에서 문화생활과 함께 재미와 즐거움, 편안함을 느끼면서 금융거래를 할 수 있도록 주요도시 랜드마크지역에 시범운영을 해 나갈 예정"이라고 말했다.

출처: 중앙일보 홈페이지 http://news.joins.com/(2012년 12월 24일자 기사 요약발췌)

Chapter 05

금융고객
신뢰
관리

FINANCIAL
MARKETING

Q62 금융기관에 대한 신뢰는 고객의 거래결정에 어떠한 역할을 하나요?

금융기관에 대한 신뢰는 기관의 선택에 있어서 매우 중요합니다. 첫째, 금융기관에 대한 신뢰는 가장 기본적이고 필수적인 요인으로서 부적격 기업을 제거하는 역할을 합니다. 고객의 신뢰도가 상대적으로 낮은 기업은 고객의 불안감 및 정보탐색비용을 높이기 때문에 초기고려 대상에서 제외되는 경향이 있습니다. 둘째, 금융기관에 대한 신뢰는 일상적 거래에서의 사소한 불만사항을 완충시키는 역할을 합니다. 기업과 고객이 신뢰에 기반하고 있다면 고객은 금융기관의 작은 실수와 부진에 큰 영향을 받지 않으며, 이는 장기적이고 안정적인 파트너십 형성의 토대가 됩니다.

금융기관 신뢰 관리 | 국내 은행 신뢰도 평가

가장 믿음이 가는 은행

(n=1,000, 단위%, ■: 2014년 ■: 2016년)

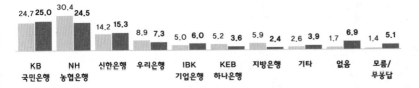

	KB국민은행	NH농협은행	신한은행	우리은행	IBK기업은행	KEB하나은행	지방은행	기타	없음	모름/무응답
2014년	24.7	30.4	14.2	8.9	5.0	5.2	5.9	2.6	1.7	1.4
2016년	25.0	24.5	15.3	7.3	6.0	3.6	2.4	3.9	6.9	5.1

출처: 한국일보 홈페이지 http://daily.hankooki.com(2016년 5월 22일자 기사 요약 발췌)

Q63 금융기관에 대한 고객의 신뢰는 어떻게 형성되나요?

금융기관에 대한 고객의 신뢰는 기업의 전문적인 자산 운용능력에 대한 믿음에서 출발합니다. 이러한 신뢰는 금융기관이 높은 수준의 서비스 성과를 제공할 것이라는 고객의 전반적인 믿음을 반영합니다. 특히 이와 같은 금융기업 자체에 대한 신뢰 인식은 서비스 과정보다는 서비스 결과물을 중시하는 남성고객의 경우에 특히 중요합니다. 이러한 기관에 대한 신뢰를 높이기 위해서 기업은 서비스 전달과정을 표준화하여 고객에게 우수한 서비스가 제공되도록 하는 동시에 기업 이미지 광고 등을 통하여 차별적이고 일관된 금융기관의 이미지를 구축하도록 노력해야 합니다.

금융 기업 신뢰 증대 전략 | 기업 이미지 광고

출처: KB금융그룹 홈페이지 https://www.tvcf.co.kr/

Q64 금융기관의 개인 서비스 제공자에 대한 고객의 신뢰는 어떻게 형성되나요?

보험 설계사, 은행 창구 직원 등 금융 서비스 제공자에 대한 신뢰는 서비스 전달과정에서 느껴지는 지식, 배려, 정직성 등 이들의 구체적인 역할에 관련된 신뢰입니다. 이러한 신뢰는 기업간 브랜드 이미지가 크게 차별적이지 않고 서비스 성과가 개인제공자의 역할에 의해 크게 좌우되는 고객화된 서비스의 경우에 매우 중요합니다. 또한 서비스 전달과정에서의 긴밀한 상호작용과 커뮤니케이션을 원하는 여성고객들에게 상대적으로 더 중시되는 경향이 있습니다. 이처럼 고객의 전반적 신뢰가 개별 서비스 제공자에 대한 신뢰에 의해 형성되는 경우 금융기업은 고객과의 밀접한 상호작용을 통해 보다 고객화된 서비스가 제공되도록 하는 것이 중요합니다.

터치＋

서비스 제공자 신뢰 증대 전략 ┃ 모바일 App을 통한 효율적 고객관리

한화생명은 20일 언제 어디서나 FP들이 효율적인 고객관리를 할 수 있도록 '터치+' 모바일 App을 8월초부터 운영중이라고 밝혔다. 이번에 새롭게 오픈한 '터치+' App은 고객의 다양한 상황들을 분석하여 매일 우선적으로 관리해야 할 고객들을 FP에게 선정해서 알려준다. 이를 통해 고객이 도움이 필요한 상황에 FP가 적시적절하게(Right Time Right Offer) 고객을 관리할 수 있다. 한화생명은 9월 중에는 보험가입 여력, 보험확신, 보험가입 니즈, FP와의 유사성, FP와의 관계 등 5대 핵심요소의 빅데이터 분석에 기반하여 더 정교한 고객 모델을 제공해 업그레이드 할 계획이다. 한화생명 관계자는 "고객들의 다양한 상황을 분석해 이를 영업현장의 FP에게 제공함으로써 마케팅 경쟁력은 물론, 적시적절한 고객맞춤형 서비스 제공이 가능할 것으로 기대한다"고 말했다.

출처: 미디어펜 http://www.mediapen.com/2016년 9월 20일자 기사 요약 발췌

Q65 고객의 신뢰가 개인 서비스 제공자에 대한 신뢰에 치우쳐 있습니다. 이것이 왜 문제인가요?

많은 고객들이 은행사의 Private Banker, 증권사 상담사, 보험사의 재무 설계사와 같은 전문 인력들과 밀접하게 상호작용을 하고 있습니다. 이에 따라 고객들은 금융회사 그 자체보다도 개인 서비스 제공자와의 관계에 기반하여 거래를 유지하는 경우가 많습니다. 이처럼 고객의 신뢰가 개인에 대한 신뢰에 지나치게 의존하는 경우, 해당 직원의 이탈이 고객의 동반 이탈을 낳는 고객인질효과가 발생하게 됩니다. 스타 펀드매니저가 이직을 하는 경우, 해당 매니저에게 자산을 맡기던 고객들이 새로운 금융사로 이탈하는 현상이 그 예입니다. 그렇기 때문에 고객의 신뢰는 개별 서비스 제공자에 대한 신뢰뿐만 아니라 기업에 대한 신뢰와 균형을 이루어야 합니다.

서비스 제공자 일변도 신뢰 관리의 문제점

지난달 삼성생명 자회사로 편입된 삼성자산운용이 외형 확장에 나서면서 운용업계가 전전긍긍하고 있다. 펀드 매니저들이 브랜드가 앞서는 삼성운용으로 이탈할 수 있어서다. 특정 펀드를 전담해온 매니저가 떠나면 해당 펀드의 수익률 관리가 쉽지 않다는 게 금융투자업계의 얘기다.
(중략) 자산운용업계엔 비상이 걸렸다. P운용사 임원은 "삼성운용 측이 여러 매니저와 접촉해 단체로 이직할 의사까지 타진했다고 한다"며 "스타급 펀드 매니저가 이직하면 고객 자금이 썰물처럼 빠져나가기 때문에 걱정이 많다"고 전했다. H운용사 대표는 "자체 교육을 통해 매니저 역량을 키우려는 노력이 부족한 게 아니냐"고 꼬집었다.

출처: 한국경제신문 http://stock.hankyung.com/2014년 6월 22일자 기사 요약 발췌

Q66

고객의 개인 서비스 제공자에 대한 일방적 의존도를 줄이기 위해서는 어떠한 조직 운영상의 조치가 필요한가요?

고객의 개인 서비스 제공자에 대한 일방적 의존도를 줄이기 위해서는 직무를 표준화하거나 보직을 순환시켜 특정 개인보다는 기업의 시스템에 의해 업무가 수행되고 있다는 인식을 심어주는 것이 중요합니다. 기업의 직원 선발과 훈련 과정에 대한 홍보는 개인 서비스제공자의 성과가 회사의 역량에 기인한 것임을 인식하게 합니다. 판매조직의 구성에 있어서도 복수의 멤버를 구성하거나 고객 접점을 다양화함으로써 개별 직원에 대한 고객의 의존도를 줄일수 있습니다. 판매조직의 구성에 있어서 지역별 조직보다는 제품별 조직이 고객의 접점을 다양하게 하는 효과가 있습니다. 아울러 체계적인 인수인계 체계를 구축하여 담당자가 바뀌더라도 일관된 고객관계가 가능하도록 하는 것이 필요합니다. 또한 본사직영의 판매 조직도 고객의 서비스 제공자에 대한 일방적 의존도를 줄이는 역할을 합니다. 이들 전략은 자칫 고객과의 전반적인 관계를 약화시킬 수 있습니다. 따라서 기업은 개인 서비스 제공자에 대한 고객의 신뢰를 무조건 낮추기보다는 이러한 신뢰가 기업에 대한 신뢰로 전이되도록 관리할 필요가 있습니다. 이를 위해 기업은 고객과 기업의 직접적인 커뮤니케이션 채널을 구축하고 고객과의 관계를 강화함으로써 고객 신뢰의 균형을 달성하고자 노력해야 합니다.

Q67 고객의 본사에 대한 직접적 관계를 강화하기 위해서는 어떠한 노력이 필요한가요?

고객과 본사의 직접적인 관계를 발전, 강화하기 위한 방법 가운데 본사가 경제 세미나, 문화예술 행사등을 개최하여 고객들과 직접적으로 만나는 기회를 갖는 것도 효과적입니다. KB국민은행에서 5월 가정의 달을 맞이하여 서울지역 우수고객과 직원을 초청한 『KB평생사랑 뮤지컬』 행사 등이 그 예입니다. 다양한 이러한 고객 참여 이벤트를 통하여 고객은 본사와의 직접적인 상호작용이 가능하고 추상적이기만 하던 본사의 경영방식에 대한 이해를 높이는 계기를 갖게 됩니다. 또한 이러한 행사 참여를 통하여 고객의 기업에 대한 정서적 애착을 유도할 수 있습니다. 이는 특히 정서적 상호작용을 중시하는 고객들에게 긍정적 영향을 미칠 수 있습니다.

균형감 있는 신뢰의 구축 | 금융사 – 고객의 직접적 관계 강화 프로그램

한국씨티은행은 26일 서울 중구 웨스틴 조선호텔에서 MIT 슬론 경영대학원 교수이자 노벨 경제학상 수상자인 로버트 머튼 교수를 초빙해 고객 투자 세미나를 개최했다. 한국씨티은행은 2015년부터 WM 허브 점포들을 출범시키며 자산관리 서비스의 차별화된 모델을 제시하고 있으며, 분산투자에 대한 고객 세미나를 지속적으로 개최하고 있다.

출처: 머니투데이 http://m.mt.co.kr/2016년 7월 27일자기사 요약 발췌

Q68 개인서비스 제공자와 기업에 대한 신뢰가 균형을 이루는 경우 고객관계관리는 어떻게 하는 것이 좋을까요?

개인서비스 제공자에 대한 신뢰와 본사에 대한 신뢰가 균형을 이루고 있는 경우, 고객에게 제공되는 혜택 역시 균형잡힌 형태로 전달되는 것이 중요합니다. 즉, 본사가 전반적 정책을 결정한 후 핵심적인 혜택을 직접 고객에게 제공하고 나머지 혜택은 개별 서비스 제공자를 통해 제공하는 등 양자 간의 균형을 이루는 것이 필요합니다. 개인 서비스 제공자의 재량을 지나치게 제약하는 경우 해당 직원과의 상호작용이 줄어들어 전체적인 관계가 약화되는 역효과가 발생할 수 있습니다. 따라서 두 가지 유형의 신뢰가 균형을 이루되 개인 서비스 제공자에 대한 신뢰가 본사 신뢰로 전이될 수 있도록 해야 합니다. 이를 위해서 본사는 투자 정보, 인센티브, 특별 서비스 등을 지원하되 일선 서비스 제공자에게 기타 편익 제공에 대한 재량권을 부여함으로써 관계관리의 시너지가 창출되도록 해야 하겠습니다.

Q69 고객과 기업의 관계가 신뢰에 기반한 협력적 관계가 되기 위해서는 어떤 노력이 요구되나요?

기업과 고객이 신뢰에 기반한 관계를 구축해나갈 때, 협력적인 관계가 형성됩니다. 이를 진단하기 위해서 기업은 고객의 수익성과 만족도를 비교하여 높은 수익을 창출하는 고객의 불만이 높지는 않은지 진단해보아야 합니다. 고수익 고객의 불만 수준이 높은 경우, 고객의 수익 기여는 지속 가능하지 않으며 이를 수익의 질이 나쁜 상태라고 할 수 있습니다. 또한 불만이 높지는 않더라도 현재 시장에 대안이 적거나 전환장벽이 높아 거래관계를 유지하고 있는 경우에도 기업과 고객의 관계가 건강한 상황이라고 볼 수 없습니다. 이러한 경우 고객 불만이 발생하는 원인을 우선적으로 파악하고 해결하는 것이 필요합니다.

금융상품의 가격 체계가 지나치게 난해하거나, 기업이 고객의 편익보다는 단기 수익성을 높이는데 치중하거나, 지나치게 계약중심의 이탈 방지정책을 활용하고 있는 경우 고객의 불만은 높아지고 기업과 고객의 관계는 적대적으로 변하게 됩니다. 은행의 주된 수익 고객군인 대출 상품 이용자들에게 지나치게 높은 가산금리를 부과하거나, 보험이나 신용카드 등 다른 금융상품을 끼워파는 것 등이 그러한 예입니다. 또한 신용카드의 경우에는 가입 이후 비용이 많이 드는 혜택의 잦은 변경과 축소, 혜택을 받기 위한 카드 사용금액 등의 엄격한 조건 부과 등이 그 사례에 포함됩니다.

실제로 카드사의 마일리지 적립 비율 축소에 대한 사전 고지가 미흡했다는 이유로 2016년 일부 소비자들은 해당 카드사를 전국 7개 법원에서 총 9건의 소송을 제기한 바 있다. 기업은 고객에게 투명한 가치를 제공하고 고객에 대한 배려와 윤리적 활동을 통해 고객의 신뢰를 확보하는 것이 중요합니다. 신뢰에 기반한 기업과 고객의 관계는 협력적 가치 및 수익의 지속 가능성을 높이게 됩니다.

Q70 금융기관에 대한 고객의 신뢰를 높이기 위한 공익연계 마케팅은 어떻게 수행되면 좋을까요?

기업의 친 사회적 마케팅 활동은 기업의 윤리적 이미지를 부각시키고 고객의 기업에 대한 신뢰를 증진시킵니다. 공익연계 마케팅은 기업의 판매와 기부를 사전적으로 연계시켜 고객의 적극적인 참여를 유도하고, 수익의 일정비율을 공익을 위해 기부하는 활동으로, 수익의 일부를 사후적으로 기부하는 행위와는 차이가 있습니다. 공익연계마케팅 수행 시 다음과 같은 사항에 유의할 필요가 있습니다.

첫째, 공익 마케팅의 주제 및 대상을 선정할 때 목표고객이 추구하는 가치가 반영되게 함으로써 해당 활동에 대한 고객의 공감을 확보할 수 있도록 해야 합니다. 고객의 공감이 결여된 공익연계 마케팅은 고객의 참여를 유도하는 데 효과적일 수 없기 때문입니다. 예를 들어 탐스슈즈의 one for one 캠페인의 경우, 목표 고객이 제3세계 어린이들의 열악한 생활 환경에 대한 문제의식을 가지고 있을 때에만 소비자들의 적극적인 구매와 참여를 유도할 수 있습니다. 물론 모든 목표고객의 공감을 얻는 것이 가장 바람직하겠지만 고객별로 참여의지의 차이가 있는 경우에는 기부 여부를 고객에게 선택하도록 할 수 있습니다.

둘째, 고객이 공익 활동의 취지에 공감하더라도 기부금이 지나치면 참여를 주저하게 되고 오히려 공익연계 마케팅에 대한 부정적 인식을 가질 수도 있습니다. 즉, 소비자들은 이러한 공익 활동 비용이 소비자에게 전가되고 있다는 인식을 가질 수 있습니다. 이러한 오해를 줄이기 위해서는 '수익의 일정비율'과 같이 해석이 모호한 것보다 기부 금액을 구체적으로 제시하는 것이 필요합니다. 최초의 공익연계 마케팅은 미국의 AMEX신용카드 회사에서 시작되었으며, 이는 고객이 사용하는 1달러마다 1센트를 자유의 여신상 보수에 기부한다는 내용이었는데 실제로 이를 통해 많은 기부금이 모였고 신용카드 매출에도 빠른 신장을 가져왔습니다.

셋째, 공익연계 마케팅에 의한 기부는 기업의 입장에서 지속가능해야 합니다. 달리 말해서 기부 금액이 기업의 수익성을 지나치게 악화시키지 않도록 합리적으로 설정되어야 합니다.

넷째, 고객의 자발적 참여에 따른 긍정정서를 강조하는 것이 불참하는 경우의 부정정서를 강조하는 것보다 더 효과적입니다. 동시에 참여 고객 수를 명시적으로 표시하여 많은 사람들이 참여하고 공감하고 있다는 사회적 증거를 제시하는 것도 고객의 적극적 참여를 유도하는 효과가 있습니다. 마지막으로 공익연계 마케팅은 쾌락적 제품의 구매에 더 효과적인데, 이는 공익연계마케팅이 쾌락적 제품의 구입에 대한 소비자의 죄의식을 줄여주고 구매를 정당화하기 때문입니다.

신한카드는 이번 이슈기부 기간 동안 모금된 고객님의 모금액과 동일한 금액을 1:1 매칭하여 후원하겠습니다.

출처: 신한카드 아름人 홈페이지

Q71 금융기관에 대한 고객의 신뢰를 높이기 위한 사회공헌활동은 어떻게 수행되는 것이 효과적인가요?

기업의 사회공헌활동은 사회적 문제 해결을 위해서 기업이 기부나 봉사활동 등을 통해 기여하는 것을 의미합니다. 이러한 활동을 수행함에 있어서 다음과 같은 사항을 고려할 필요가 있습니다. 첫째, 사회공헌활동이 직원 등 실제 활동 참여자의 공감대에 근거하여야 합니다. 일반적으로 시간적 기부는 금전적 기부보다 더 높은 수준의 공감과 참여를 요구하는데 그렇기 때문에 실제로 공헌 활동에 참여하는 직원들의 공감을 확보하는 것이 중요합니다. 직원들의 공감이 부족한 사회공헌활동은 일회성 혹은 과시성의 이벤트로 끝나기 쉽습니다. 둘째, 사회 활동의 영역을 결정함에 있어서 기업의 핵심경쟁력을 반영하는 것도 중요합니다. 단순 기부보다는 기업이 전문성을 갖춘 영역에서의 공헌 활동은 직원들의 참여 유발에도 효과적입니다. 셋째, 사회공헌의 동기가 순수하여야 합니다. 고객이나 직원들은 기업이 수행하는 공헌활동의 동기가 무엇인지를 추론하게 되는데, 비난 여론을 줄이거나 세금 감면을 위한 일시적 기부, 경영자의 개인적 과시를 위한 활동 등에 대해 동기의 순수성을 의심하기 쉬우므로 이와 같은 사회참여활동은 기업에 대한 신뢰로 이어지기 어렵습니다.

사회공헌활동을 통한 고객 신뢰 확보 | 대구은행의 독도 지원 활동

대구은행은 독도를 영업권역 내에 두고 있는 지역 은행으로서 다양한 독도 지원 마케팅 활동을 진행하고 있다. 일본의 독도 영유권 주장으로 독도에 대한 전 국민의 관심이 고조되었던 2001년에 대구은행은 독도 사이버 지점을 개점하고, 예금 이자의 일정 금액을 독도사랑 기금으로 조성해 독도수호사업에 적극 동참하고 있다. 또한 2009년부터 8년째 독도등대에 후원금을 전달하고 있으며 매년 임직원 및 관계자들과 독도를 방문하는 탐방단 운영, 지역학생들에게 독도 사랑 의식을 고취시키기 위한 DGB독도사랑골든벨 개최 등을 통해 지역 은행으로서 역할을 다하고 있다.

출처: 대구은행홈페이지 https://www.dgb.co.kr/com

Q72 금융기관에 대한 고객의 신뢰를 높이기 위한 공유가치 창출은 어떻게 하는 것이 효과적인가요?

기업의 공유가치 창출활동은 기업이 사회기여 활동을 하는 동시에 기업 경쟁력 확보를 추구하는 것을 의미합니다. 유제품 가공기업의 경우, 낙후된 국가의 낙농업자를 기술적으로 지원하여 농가소득을 높이면서 동시에 품질 좋은 우유를 확보하는 활동, 고용훈련을 통해 지역사회의 실업률을 낮추면서도 안정적인 인력충원을 추구하는 활동, 신용이 좋지 않은 소비자에 대한 재무상담과 금융교육을 통해 건전한 소비 유도하는 활동도 공유가치 창출활동의 사례입니다. 성공적인 공유가치 창출활동을 위해서는 다음의 사항을 고려해야 합니다. 첫째, 사회기여활동에 대한 고객과 직원들의 공감을 토대로 진정성 있는 프로그램의 진행이 요구됩니다. 둘째, 공유가치 창출활동이 사회적 기여뿐 아니라 기업의 경쟁력 증진으로 이어져야 합니다. 공유가치 창출활동이 기업의 안정적 원료확보, 운영비절감, 노동력확보, 자원의 확보 등으로 이어질 때 기업의 경쟁력이 향상되고 비로소 공유가치 창출활동은 지속가능해지게 됩니다.

공유가치 창출활동을 통한 고객 신뢰 확보 | 제주은행의 '따뜻한 금융' 사례

제주은행은 지역은행으로서 제주특별자치도와 함께 '제주사랑상품권'과 '제주通(통)카드' 업무를 통해 제주지역경제의 근간인 골목상권을 활성화하기 위한 사업에 주력하고 있다. 특히 총 대출금 중 약 65% 이상을 지역 중소기업 지원에 할애하고 있으며, 최근 제주지역에 급증하는 중국인 투자자와 여행객을 위한 중국인 특화 영업점과 서비스를 운영하고 있다. 제주은행의 사례는 지역은행이 공공성 있는 금융상품을 통해 지역경제 활성화에 기여한 우수 협력사례로 평가받고 있다. 제주은행은 2002년 신한금융지주회사에 자회사로 편입되었다.

출처: 헤드라인 제주 홈페이지 http://www.headlinejeju.co.kr/, http://www.jejusori.net

Q73
금융기관에 대한 고객의 신뢰를 높이기 위한 친환경 마케팅은 어떻게 수행되는 것이 효과적일까요?

금융기관의 친환경 마케팅은 직접 친환경 활동을 수행하거나 친환경활동을 수행하는 타기업을 지원하는 간접적인 활동으로 나누어 볼 수 있습니다. 이러한 친환경 마케팅은 금융기업의 사회적 책임 이미지와 신뢰할 수 있는 동반자로서의 이미지를 증진시키는 효과가 있으며 금융상품 브랜드 차원보다는 전사적 차원에서 기획·관리될 필요가 있습니다.

친환경 마케팅을 통한 고객 신뢰 확보 | 하나금융 하늘공원 공동나무심기 행사(2015년 4월)

하나금융은 이날 하늘공원에 700그루의 나무를 심고 '행복나눔하나숲'을 일궜다.

출처: 아시아투데이 홈페이지 http://www.asiatoday.co.kr/(2015년 4월 29일자 기사 요약 발췌)

Q74 금융기업의 역량은 고객의 기업에 대한 신뢰 형성에 어떠한 역할을 하나요?

금융기업의 역량이란 자사 금융상품에 대한 품질유지와 불확실한 시장 상황에서의 문제해결능력을 의미하며 고객은 이를 통해 기업에 대한 신뢰를 형성합니다. 이러한 금융기업의 역량에 대한 고객의 인식은 금융기업의 이미지 차별화에 결정적인 역할을 합니다. 따라서 고객의 신뢰도 향상을 추구하는 금융기관은 고객이 가장 중요시하는 핵심역량이 무엇인지를 파악하고 이를 금융상품과 서비스를 통해서 차별적으로 전달해야만 합니다. 미국의 Commerce Bank의 경우 자사 업무의 본질을 금융보다는 유통으로 정의하고 고객접점의 확대 및 고객화된 서비스를 통해 차별적인 역량을 구축해왔습니다. 국내 금융사들은 정부의 규제와 타 기관의 빠른 모방으로 인하여 상품에 대한 차별성을 오래 유지하기 어려운 것이 현실입니다. 이러한 상황에서는 상품의 차별화뿐만 아니라 서비스 전달과정에서의 배려 등을 통한 차별화가 상대적으로 중요해집니다.

역량을 통한 금융기업 신뢰 형성 | 미래에셋증권

출처: 미래에셋증권 홈페이지 http://www.newspim.com/

Q75 금융기업의 고객에 대한 배려는 고객의 신뢰 형성에 왜 중요하며 어떻게 관리되어야 하나요?

고객에 대한 배려는 서비스 전달과정에서 기업의 이익보다 고객의 이익을 우선시하는 것을 의미합니다. 예를 들어 보험회사가 고객에게 반드시 필요하지 않은 특약사항은 구입하지 않도록 조언하거나, 폭설피해를 입은 농가에 자발적으로 방문하여 보험금을 지급하거나, 고객이 잊어버리고 있던 보험금을 찾아주는 서비스 등이 고객에 대한 배려의 사례라고 볼 수 있습니다. 또 은행이나 증권회사가 고객의 수익률을 직원 실적평가에 반영하는 것도 자사의 이익보다 고객의 이익 창출을 통해 장기적인 신뢰관계를 유지해 나가려는 배려행동의 예입니다. 이러한 배려행동을 통해 고객은 해당 기업의 의도와 진정성을 유추하고 이에 대한 감사의 마음과 더불어 그 기업에 대한 신뢰를 형성하게 됩니다. 뿐만 아니라 서비스 전달과정에서의 배려행동은 서비스 성과 평가에도 긍정적인 영향을 미치게 됩니다. 특히 고객배려 행동은 기업 간 상품 차별성이 적거나 성과에 대한 불확실성이 큰 경우에 고객신뢰에 더 많은 영향을 미칩니다. 결과적으로 금융기업의 서비스 역량과 고객에 대한 따뜻한 배려가 함께 할 때 고객은 금융기업을 더욱 신뢰하게 됩니다.

배려를 통한 금융기업 신뢰 형성 | 고객수익률로 직원 평가, 투자문화 개선 이끌어

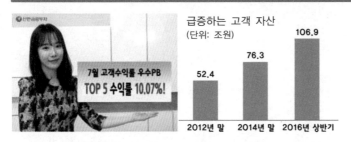

급증하는 고객 자산
(단위: 조원)

2012년 말	2014년 말	2016년 상반기
52.4	76.3	106.9

신한금융투자는 지난 2012년부터 고객 수익률로 직원을 평가하는 제도를 도입했다. 전체 PB를 대상으로 매월·분기·연간 단위로 고객 총자산 수익률로 평가를 실시하고 그 결과를 포상과 인사고과 뿐 아니라 성과급에까지 적용한다. 높은 수익률은 자연스럽게 고객자산 증대로 이어졌다 제도 도입 이후 금융상품 잔고는 4배(65조원), 고객 총자산은 2.6배(107조원) 증가했다.

출처: 중앙일보 홈페이지 http://news.joins.com/(2016년 9월 29일자 기사),
　　　한국경제 홈페이지 http://v.media.daum.net/(2016년 7월 20일자 기사)

Q76 금융기업의 디마케팅은 언제 어떻게 수행되어야 하나요?

금융기업의 디마케팅은 고객에게 금융상품을 구매하지 않도록 권고하는 행위입니다. 디마케팅의 성공적인 수행을 위해서는 다음과 같은 사항이 전제되어야 합니다.

첫째, 기업의 고객 소비상황에 대한 이해를 전제로 해야 합니다. 즉 상품이 고객에게 반드시 필요한 것이냐에 대한 판단에 근거하여 반드시 필요하지 않은 상품이나 옵션은 선택하지 않도록 권고하는 것입니다. 기가입된 보험 상품에서 보장되고 있는 사항들을 신규 가입상품 구성에서 제외시키는 것이 그 예라고 볼 수 있습니다.

둘째, 디마케팅은 고객에 대한 진정성 있는 배려에 기반하여야 합니다. 즉, 디마케팅 결정은 기업의 단기적인 수익보다는 특정 상품이 고객의 장기적 이익에 도움이 되느냐에 대한 판단에 근거하여야 합니다. 증권회사의 경우 거래 수수료에 따른 수익 증대를 위해 빈번한 매도·매수를 유도하기보다는 고객의 장기적 수익에 도움이 되도록 권유하는 것이 필요합니다. 이처럼 고객의 이익을 우선시하는 디마케팅에 대해 고객은 그 행동의 동기를 유추하고 상호 공감에 기반한 신뢰를 형성하게 됩니다.

Q77 인터넷이나 모바일 금융거래에 대한 고객의 신뢰는 어떻게 형성되나요?

최근 인터넷이나 모바일을 통한 금융거래가 급증하고 있습니다. 이처럼 온라인 금융거래에 대한 고객신뢰와 이용의향은 다음과 같은 요소에 의해 결정됩니다.

첫째, 사이트 이용의 편리성과 유용성입니다. 빠르고 신속한 업무처리, 그리고 유용한 정보의 제공은 온라인 거래를 선택하게 되는 가장 중요한 속성입니다.

둘째, 개인정보 보호에 대한 믿음과 해킹으로부터의 안전성입니다. 모바일 기기 분실에 대한 걱정이나 개인정보 누출에 대한 두려움이 모바일 거래를 주저하게 만드는 주요 요인이 되므로 금융기업은 개인정보 및 금융거래의 안전을 위한 다양한 인증제도와 절차를 마련하고 있습니다.

셋째, 오프라인 기업에 대한 신뢰와 제3자의 인증입니다. 오프라인 기업에 대한 신뢰와 제3의 기관에 의한 인증 및 객관적 평가는 온라인 금융거래에 대한 고객신뢰로 전이되고 고객의 이용의향을 높이는 요인으로 작용합니다. 따라서 금융 기업은 고객의 온라인 금융거래를 활성화시키기 위해서 사용자 인프라를 편리하고 유용하게 구축하는 동시에 사용자가 거래 중에 지각하는 안전성을 높이는 것이 중요합니다. 이와 함께 해당 금융 거래에 대한 제3기관의 신뢰성 있는 인증 등을 통해 온라인 거래에 대한 전반적인 신뢰도를 높이는 것이 중요하겠습니다.

Chapter 06

금융고객
충성도
관리

FINANCIAL
MARKETING

Q78 금융기관에 대한 고객의 행동적 충성도는 어떻게 형성되나요?

금융고객의 행동적 충성도는 금융거래의 종류와 실적, 지갑점유율, 거래기간, 추천실적 등에 의해 측정·관리 됩니다. 이러한 행동적 충성도의 근간에는 고객의 기업에 대한 신뢰뿐 아니라 다른 대안의 매력도 및 기존거래에서의 전환장벽 등이 있습니다. 금융업의 특성상 상품 개발에 있어 정부규제에 따른 제약이 크고, 따라서 금융 기업간 상품의 차별성이 크지 않기 때문에 이를 통해 고객 충성도를 유지하는 것이 쉽지 않습니다. 최근 금융기관 간 고객 이동이 점차 쉬워짐에 따라 금전적, 시간적, 정서적 전환장벽에 의한 충성도 관리가 점차 어려워지고 있기도 합니다. 결국 전반적인 충성도가 줄어드는 상황하에서 금융기관의 충성도는 고객이 금융기관에 대해서 가지고 있는 만족도과 신뢰도에 의해 주로 결정되는 경향을 보입니다.

Q79 금융사의 고객 충성도를 높이기 위해서 어떠한 전략이 필요한가요?

금융고객 충성도를 높이기 위해서는 고객이 자사와 지속적으로 거래하는 주요한 원인의 파악이 우선되어야 합니다. 고객이 충성도를 보이는 이유는 크게 경제적 혜택과 정서적 혜택으로 나누어볼 수 있습니다.

첫째, 금융고객의 충성도가 경제적 이해득실에 근거하고 있는 경우, 이들 고객에 대한 마케팅 전략은 고객의 이득을 더욱 증진시키거나 손실을 최소화하는 데 초점을 맞출 필요가 있습니다. 카드사의 경우, 고객에게 라이프 스타일에 맞는 차별적 포인트 제도를 시행하고 약정 할인이나 선 할인 등을 통하여 구매시에 고객의 이득 인식을 증대시키려는 노력이 필요합니다. 또한 고객의 비용인식을 감소시키기 위하여 금전적, 시간적, 정서적 전환비용을 줄임과 동시에 자사 카드를 이용한 습관적·반복적인 거래가 지속되도록 해야 합니다.

둘째, 금융고객의 충성도가 정서적 혜택에 근거하고 있는 경우 금융기관의 신뢰를 증진시키려는 노력과 더불어 금융브랜드에 대한 고객의 정서적 일체감을 높이려는 노력이 필요합니다.

금융고객 충성도 증대 방안 | 고객 라이프스타일에 따른 카드 혜택 디자인

하나카드는 고객 라이프 스타일에 맞춰 특화된 적립 혜택을 제공하는 '태그(tag)1 카드' 3종을 출시해 인기를 끌고 있다. '하나멤버스 1Q카드'를 기반으로 한 이들 상품은 레드·블루·베이지 타입별로 특화 서비스로 무장됐다. 먼저 '레드'는 커피 전문점 스타벅스와 커피빈에서 결제한 금액의 50%를 '하나머니'로 적립해준다. 하나머니는 현금처럼 쓸 수 있는 하나금융지주의 통합 포인트이다. 아울러 동물병원과 성형외과, 피부과, 한의원, 건강·미용 전문점인 올리브영에서 사용한 금액 중 7%를 하나머니로 쌓아준다. '블루'는 골프장과 골프연습장, 스크린골프, 스포츠센터, 수영장에서 이용한 금액의 7%를 하나머니로 적립한다. 또 SK에너지 계열 주유소에서 결제 시 L당 70하나머니를 쌓아준다. 오전 11시~오후 2시 일반 음식점에서 이용한 금액의 10%도 적립 대상이다. '베이지'는 이마트와 홈플러스, 롯데마트의 오프라인 매장은 물론이고 온라인몰에서 사용 금액의 7%를 하나머니로 돌려준다. 인터넷 서점인 'Yes24'와 '알라딘' '인터파크 도서' 역시 7% 적립 대상이다. 학원업종에서 결제하면 5%를 쌓아준다.

출처: 세계일보 홈페이지 http://www.segye.com/(2016년 12월 21일자 기사 요약 발췌)

Q80 포인트 프로그램의 중도이탈율이 높습니다. 어떠한 마케팅 조치가 필요한가요?

고객의 포인트 프로그램 중도이탈을 방지하고 포인트 제도를 통한 충성도를 강화하는 우선적인 조치는 포인트 프로그램의 상환 가능성을 높이는 것입니다. 이를 위해서 다음과 같은 전략이 가능합니다.

첫째, 상환에 필요한 최소 포인트를 낮추거나 고객에게 적립·보상 금액에 대한 선택권(높은 누적 포인트에 대한 큰 보상 vs. 적은 포인트에 대한 빈번하지만 적은 보상)을 다양하게 제공할 수 있습니다. 둘째, 포인트를 쌓는 중간 시점에 보상이 가능하도록 하는 것으로 상환에 필요한 포인트의 일부를 현금 결제가 가능하도록 할 수 있습니다. 하지만 이러한 전략은 사용의 편리성을 높이는 반면 보상의 매력성을 낮추는 효과가 있으므로 고객이 원하는 바를 정확히 파악한 이후에 결정할 필요가 있습니다. 셋째, 포인트의 다양한 활용을 가능하게 하는 것으로, 사은품의 제공뿐만 아니라 포인트로 각종 수수료나 공과금 납부를 가능하게 하는 것 등을 그 예로 들 수 있습니다. 마지막으로 포인트 적립이 수월하도록 하여 포인트의 축적 및 보상이 빠르게 이루어 지도록 하는 것입니다. 가족 포인트의 합산, 고객의 소비패턴에 맞는 포인트 적립처의 개발 및 각종 연계프로그램의 활용은 동일한 지출금액 대비 포인트 축적을 풍부하게 함으로써 고객의 포인트 프로그램 참여도 및 만족도를 높이는 요인이 됩니다.

포인트 프로그램 참여도 향상 전략 | 다양하게 활용가능한 포인트

출처: 우리카드 홈페이지 http://www.newspim.com/

Q81 고객의 현재 소비에 대한 선호가 매우 높습니다. 이로 인한 중도 이탈을 줄이기 위한 전략은 무엇일까요?

고객은 일반적으로 미래의 소비에 대해서는 이성적인 판단을 하지만 현재 시점의 소비에 대해서는 감성적인 판단을 합니다. 이는 시간에 따른 과도한 할인을 야기하여 고객의 참을성을 줄이고, 현재 소비를 추구하게 합니다. 따라서 소비성향이 높은 소비자들의 경우에 특히 포인트 축적을 유도하기보다는 즉각적인 포인트 사용이 가능하도록 함으로써 구매 동기를 부여하는 것이 효과적입니다. 이를 위하여 신용카드사는 포인트 사용을 위한 최소 포인트, 최소 보유 기간 등의 다양한 조건을 과감하게 풀고 구매 시점에서의 즉각적인 혜택이 가능하도록 할 필요가 있습니다. 즉, 신용카드사들은 더 많은 포인트를 제공하는 적립 위주의 경쟁에서 포인트를 보다 편리하게 사용하게 하는 사용 위주의 경쟁으로 신용카드 경쟁의 축을 옮기는 것이 필요합니다.

Q82 고객의 포인트 적립에 대한 동기부여를 위해서는 어떠한 마케팅 전략을 고려할 수 있을까요?

고객의 포인트 프로그램에 대한 참여 동기를 높이기 위해서 다양한 마케팅 전략이 사용될 수 있습니다. 첫째, 초기 저항을 극복할 만한 정도의 일회성 점수를 부여할 수 있습니다. 고객들은 가입 초기에는 포인트 프로그램 참여에 대한 심리적 저항을 갖게 됩니다. 보상에 필요한 포인트를 모으기 위해서는 현재 점수가 너무 적어서 앞으로도 많은 시간과 노력이 필요하기 때문입니다. 다시 말해 포인트 프로그램 가입초기에는 지금까지 축적한 포인트를 중심으로 목표의 달성 가능성을 판단합니다. 따라서 가입초기에는 고객이 초기저항을 극복할 수 있도록 일회성 점수를 부여함으로써 고객의 중도이탈을 방지하고 동기 부여하는 것이 효과적입니다. 하지만 누적포인트가 보상에 필요한 포인트에 가까울수록 목표도달에 필요한 추가포인트를 고지함으로써 고객을 동기부여하는 것이 필요합니다. 둘째, 구매 실적이 누적됨에 따라 포인트 적립 비율을 상향 조정하는 것도 고객의 동기부여에 도움이 됩니다. 셋째, 포인트의 단위를 크게 하는 것이 적게 하는 것보다 효과적입니다. 예를 들어 10점 중 2점보다는 1,000점 중 200점을 축적했다고 고지하는 경우가 고객의 목표도달에 대한 동기부여에 도움이 됩니다. 마지막으로 보상의 매력도를 높이는 것이 보상에 필요한 노력을 줄이는 것보다 중요합니다. 물론 포인트 프로그램 참여에 대한 심리적 저항을 줄이고 포인트 적립을 수월하게 만드는 것도 중요하지만 근본적으로 보상의 매력도를 높임으로써 고객의 참여 의지를 높이는 것이 중요할 것입니다.

포인트 프로그램 참여도 향상 전략 | 포인트의 차등 적립

• 월간 특별 적립 한도

전월사용실적(월)	30만원 미만	30만원 이상~70만원 미만	70만원 이상~100만원 미만	100만원 이상
사용액별	해당없음	1천 마일리지	2천 마일리지	3천 마일리지

• 우대 마일리지 프로그램(Frequent User Program)

연간 사용액	기본 마일리지 적립
5천만인 이상	1.0
3천만원 이상	0.8

출처: 씨티은행 홈페이지
씨티카드/검색 - 씨티메가마일 스카이패스 카드

Q83 포인트 고객에게 제공되는 보상의 매력성을 높이기 위해서는 어떤 점이 고려되어야 하나요?

첫째, 고객에게 제공되는 보상은 동일한 금전적 가치를 가지더라도 기능적인 보상보다는 체험적 보상이 더 효과적입니다. 그 이유는 즐거움을 주는 체험적 보상은 사전의 기대감에 따른 예상만족, 체험 중의 만족, 체험 이후의 회상 만족을 거치면서 고객의 머릿속에 장기적으로 기억되는 경향이 있기 때문입니다. 이러한 체험적 보상은 특히나 포인트 축적을 위해 장기간의 노력이 요구되는 고관여 상황에서의 고관여 고객에 대한 보상으로 더 적합합니다. 백화점 연간 이용실적을 기준으로 항공권이나 여행 패키지를 제공하는 것은 잠재적인 체험적 보상의 예가 될 수 있습니다. 한편 기능적 보상은 저관여 소비자에 대한 즉각적 보상에 더 적합합니다. 기능적 보상은 쉽게 잊혀지기 쉽고, 시간의 흐름에 따라 그 만족이 감소되는 경향을 보입니다. 따라서 은행의 우량 고객 사은품을 생활용품 등의 기능적 제품보다는 문화 · 예술 공연, 여행 · 레저 상품 등 체험적 제품으로 구성하는 것이 필요합니다. 또한 신용카드의 경우에는 포인트 적립이나 환금성을 기준으로 경쟁하기보다는 고객의 라이프 스타일에 맞는 체험 서비스의 제공을 통한 경쟁이 필요합니다. 부가적으로 고객은 고가 카테고리의 저가 상품보다는 저가 카테고리의 고가 상품을 더 선호합니다. 이는 고객이 보상의 매력도를 판단함에 있어서 주어진 카테고리 내에서 판단하는 경향이 있기 때문입니다.

Q84 포인트 프로그램의 관리 편리성을 높이기 위해서 어떠한 조치가 필요한가요?

포인트 프로그램의 관리 편리성을 위해서는 고객이 불편하게 생각하는 가입절차를 간편하게 하고 본인 인증 절차 및 개인정보에 대한 보안을 강화하는 것이 필요합니다. 복잡한 가입절차, 지나치게 많은 정보의 요구 등이 고객의 기업에 대한 가입을 회피하게 하는 원인이 되기 때문입니다. 포인트 프로그램의 사용 편리성을 위해서도 결제절차를 단순화하고 포인트와 현금결제를 혼합, 사용하게 하거나, 사용의 제한을 줄이고, 근접기반 기술의 결제시스템 확대 등 포인트 사용에서의 편리성을 제고하는 것이 필요합니다. 동시에 포인트 적립현황과 사용현황을 주기적으로 고지하여 정기적인 포인트 사용이 가능하도록 하는 것이 필요합니다.

포인트 프로그램 참여도 향상 전략 | 포인트 관리의 편리성

포인트/마일리지 보유 현황

해당 포인트/마일리지의 상세내역 버튼을 클릭하시면 사용/적립내역을 확인하실 수 있습니다.

구분	포인트/마일리지명	최종변경일	누적 현황	조회
TOP	TOP	2016.05.28	3,615P	상세내역
제휴포인트	사랑포인트	2012.06.26	49P	상세내역
제휴포인트	에코머니포인트	2016.06.26	5,588P	상세내역

출처: BC 카드 홈페이지http://blog.naver.com/

Q85 금융고객의 등급조정은 어떻게 관리되어야 하나요?

포인트 제도를 운영하는 많은 기업이 고객의 거래실적에 의해 고객등급을 설정하고 관리합니다. 고객의 거래 실적은 시점에 따른 편차를 보여 때로는 거래가 집중되지만 때로는 거의 사용하지 않는 기간이 있기도 합니다. 따라서 특히 고객의 등급이 하향 조정될 때에는 등급조정계획을 미리 설명하고 복귀에 필요한 유예기간을 둠으로써 고객의 부정적 감정과 이탈을 방지하려는 노력이 필요합니다. 또한 고객의 등급이 하향 조정되더라도 금전적 혜택은 줄이되, 실질적 비용이 거의 들지 않는 상징적인 부가혜택은 일정기간 유지시켜 주는 것이 단기적 실적의 변동이 있는 고객에 대한 장기적 관리에 도움이 됩니다. 마지막으로 고객등급의 설정에 있어 고객 기여도에 따른 혜택의 공정성과 차별성이 보장되도록 설계되는 것이 중요합니다.

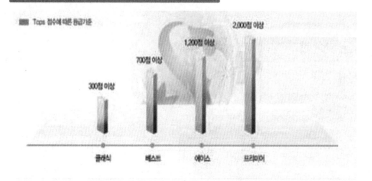

고객 등급 관리 전략 | 유연한 고객 등급 관리

▶ 분기별 3개월간 개인 및 개인사업자 고객님의 신한은행 예적금, 펀드, 방카, 대출, 카드, 환전/송금, 급여/연금이체 등의 금융거래 실적을 종합적으로 점수화하여 선정합니다.

▶ 신한은행으로 송금

구분(면제한도)		프리미어 (제한없음)	에이스 (월30건)	베스트 (월20건)	클래식 (월10건)
창구 송금 수수료(횟수 제한없이 면제)		면제	면제	면제	면제
자동화기기 (CD/ATM)	마감 후 현금인출 수수료	면제	면제	면제	-
	이체 수수료	면제	면제	면제	면제
인터넷 뱅킹/폰뱅킹/모바일뱅킹 이체		면제	면제	면제	면제

▶ 다른 은행으로 송금

구분(면제한도)	프리미어 (제한없음)	에이스 (월30건)	베스트 (월20건)	클래식 (월10건)
창구 송금 수수료	면제(월50건)	-	-	-
자동화기기(CD/ATM) 이체(본인 명의)	면제	면제	-	-
인터넷 뱅킹/폰뱅킹/모바일뱅킹 이체	면제	면제	면제	면제
U드림저축예금 이체	면제	면제	면제(월300건)	

▶ 은행 Tops 등급 선정기준

구분		기존 실적	배점	실적기준	비고
수신	예금, 신탁, 펀드, 방카	10만원	2점	3개월 평균잔액	
대출	가계대출, 기업대출	100만원	5점		
외환	환전/송금	US$100	1점	3개월 누적실적	무역 외 거래
주거래	급여(연금) 또는 가맹점	이체시	50점	2개월 이상 이체시	
	신힌기드 또는 공괴금				

출처: 신한생명 홈페이지 http://www.shinhanlife.co.kr/

Q86 신용카드사의 선할인 제도란 구매시점에 고객에게 할인을 제공하고 이를 미래에 축적되는 포인트를 통해서 변제하는 것입니다. 이러한 제도가 고객 유치에 효과적인 이유는 무엇인가요?

고객은 미래의 추상적 이득보다 현재시점의 구체적 이득을 선호합니다. 따라서 때로는 미래의 큰 이득을 포기하면서까지 현재 시점에서의 이득을 선호합니다. 그렇기 때문에 선할인 제도는 고객에게 구매시점에 구체적인 이득을 제공함으로써 고객의 구매의사결정에 영향을 미칩니다. 또한 고객은 미래의 포인트 변제에 필요한 카드 실적을 과소평가하는 경향이 있으므로 고객은 포인트 변제에 필요한 카드 실적을 채우는 데 문제가 없을 것이라고 낙관적으로 판단합니다. 하지만 실제 사용 시점이 되면 실적을 채우는 것에 적지 않은 노력이 필요함을 느끼게 됩니다. 따라서 기업은 고객의 포인트 변제에 필요한 실적과 이자를 구체적으로 고지하는 것이 필요합니다.

전략적 선할인 제도의 활용 | 다이동통신사와 금융사의 협업을 통한 선할인 제도

슈퍼할부카드는 기기변경, 번호이동, 신규가입 시 단말 구매 비용의 일부를 할부로 결제하면 카드 이용실적에 따라 매월 청구되는 통신비를 할인받을 수 있는 카드로 전월 카드 이용 실적이 70만원 이상이면 1만 5천원, 30만원 이상이면 1만원씩 할인받을 수 있다.

출처: KT 올레 홈페이지
http://product.olleh.com/benefit/customer/pts_item_01_main.html

Q87 신용카드사의 선할인 제도를 더욱 고객지향적으로 만들기 위한 방안은 무엇인가요?

신용카드사의 선할인제도는 구매시점에 고객에게 할인을 제공하고 이를 미래에 축적되는 포인트를 통해서 변제하는 것으로 엄밀한 의미에서 할부거래의 일종입니다. 하지만 카드 사용에 따른 축적 가능 포인트를 제한하거나, 매달 상환할 수 있는 포인트에 상한을 두거나, 미상환 포인트에 대한 높은 이자를 부과하는 등의 전략은 좀 더 고객지향적으로 개선될 필요가 있습니다. 포인트 제도는 기업의 일방적인 판촉이 아니라 고객에 대한 이해를 바탕으로 유지되는 장기적이고 쌍방향적인 상호작용이기 때문입니다.

전략적 선할인 제도의 활용 | 고객지향적 선할인 제도의 필요성

카드회사에서 선할인 서비스를 제공해 자동차를 싸게 살 수 있다고 광고하고 있지만, 사실상 '대출' 구조인 것으로 드러났다. 현대카드의 '세이브오토' 프로그램이 대표적이며 삼성카드 '자동차 선포인트', 롯데카드 '오토세이브', 신한카드 '하이세이브' 등도 비슷한 방식이다. 자동차 선할인 서비스라는 이름으로 알려진 이 프로그램은 사실상 '대출'에 가깝다. 카드사에서는 금융당국의 눈치를 보느라 홈페이지 및 홍보지에 '할인'이라는 표현을 자제하고 있지만 카드모집인들은 '선할인'이라며 사람들을 유혹하고 있다. 자동차 가격을 할인해주는 것처럼 홍보해 많은 사람들이 피해를 보고 있다는 비난의 목소리가 크다. 금융소비자원 조남희 대표는 "자동차 선포인트 결제 방식은 할인이 아닌 '선대출' 프로그램이다. 사후에 갚는 방식으로 돼 있지만 다르게 포장돼 있다. 소비자 입장에서는 할인 서비스리고 생각했다가 나중에 대출싱 상품이라는 것을 알았을 때 허부할 것이다. '세이브'라는 용어로 소비자들을 현혹시키고 있다"고 지적했다.

출처: 뉴데일리 홈페이지 http://biz.newdaily.co.kr/(2015년 3월 12자 기사 발췌)

Q87 금융상품에 대한 고객의 자발적 충성도를 높이는 방법에는 어떠한 것이 있나요?

금융브랜드에 대한 고객의 자발적 충성도는 포인트와 같은 금전적 혜택이나 일시적 판촉에 의해서는 형성되기 어렵습니다. 자발적 충성도는 고객이 기업에 대한 신뢰와 정서적 애착을 가질 때 형성됩니다. 또한 기업이나 금융상품의 브랜드 이미지가 고객 자신의 이미지를 잘 표현하거나, 고객이 기업의 핵심가치에 공감할 때 고객은 기업에 대한 정서적 일체감을 갖게 됩니다. 이러한 고객의 금융브랜드에 대한 정서적 애착과 일체감은 고객의 자발적 참여나 추천행동을 유발하고 기업의 장기적인 수익 창출에 기여하게 됩니다. 따라서 기업은 고객신뢰를 증진시키고 고객이 기업과 일체감을 가질 수 있도록 다각도의 마케팅 노력을 기울이는 것이 중요합니다.

금융고객 충성도 증대 방안 | 모델 기용의 다변화를 통한 정서적 일체감 제고

19일 금융업계에 따르면 현재 국내 시중은행들은 각 은행에 부합하는 브랜드 이미지를 위해 10대 걸그룹부터 90대 고령 탤런트까지 톡톡 튀는 모델을 내세우고 있다. 금융사의 광고는 일반적으로 수익을 내기보다 브랜드 이미지 제고에 중점을 두기 때문에 상품 광고보다는 좀 더 신중히 광고모델을 선정하는 편이다. 하지만 최근 은행권의 광고모델 트렌드가 기존의 안정감 있는 중장년층 모델에서 벗어나 나이가 어리거나 소비자들에게 친근하게 다가올 수 있는 연예인을 모델로 기용하는 쪽으로 바뀌고 있다. 지난 5월 KB국민은행은 '국민이 뽑은 소녀들을 국민은행의 광고모델로'라는 콘셉트로 걸그룹 아이오아이(I.O.I)를 광고모델로 발탁했다. KB국민은행이 걸그룹을 모델로 내세운 것은 이번이 처음이고, 무엇보다도 보수적인 은행권에서 아이돌을 광고모델로 삼은 것은 예외적인 경우라 더욱 관심이 집중됐다. 국민은행 관계자는 "아이오아이(I.O.I)는 2030 고객들이 많이 이용하는 모바일뱅크, 락스타 등 젊은 브랜드 광고에서 활약할 예정이다"며 "젊고 활기찬 이미지를 만들어 주기를 기대하고 있다"고 말했다.

출처: 한국일보 홈페이지 http://www.hankookilbo.com/(2016년 7월 19일자 기사),

Q89

자발적인 충성도를 보이는 고객에게는 어떤 마케팅 전략이 필요한가요?

금융사에 대해 신뢰와 정서적 일체감을 보이는 자발적 충성 고객들은 기업의 다양한 금융상품에 대한 지속적인 관심과 함께 지인들에게 상품 추천을 하거나, 서비스 개선을 위한 제언을 하는 등 기업의 성장과 장기적 수익에 중요한 영향을 미칩니다. 이러한 자발적 충성고객을 활성화시키기 위해서는 이들을 내재적으로 동기부여하는 전략이 필요합니다. 예를 들어 자발적으로 금융상품을 지인들에게 추천한 고객에게 경제적 인센티브를 제공하는 전략은 오히려 이 고객의 심리적 반발을 가져올 수 있습니다. 왜냐면 이러한 인센티브로 인해 고객의 순수한 추천 의향이 금전적 이득을 위한 계산적인 행동으로 오인받을 수 있기 때문입니다. 따라서 자발적 동기를 갖고 있는 충성 고객에게 조건부 금전적 인센티브를 남용하는 것은 고객의 자발적 동기를 줄이는 효과가 있으므로 주의할 필요가 있습니다. 그보다 금융회사는 이들 고객을 인정하고, 필요한 경우 사후적 보상을 함으로써 내재적 동기를 강화하고, 기업에 대한 일체감을 제고하는 것이 보다 효과적입니다.

Q90 고객 수익의 지속가능성은 어떻게 진단하나요?

고객 수익의 지속가능성은 고객의 상품 품질에 대한 만족, 충성도, 대안의 매력도 및 전환 장벽 등 다양한 요인에 의해 형성됩니다. 만일 고객의 불만이 높음에도 불구하고 대안이 없거나 전환장벽이 높아서 고객이 이탈을 주저하고 있다면 이러한 고객에 의한 수익의 지속가능성은 높지 않고, 이를 나쁜 이익이라고 부릅니다. 고객의 유치에만 치중하고 고객만족관리를 등한시하거나 기존고객을 금전적, 시간적 전환장벽에 의해 잡아두는 경우 고객의 이탈가능성은 높아지고, 수익의 지속가능성은 낮아집니다. 반면 고객만족과 자발적 충성도에 근거한 수익은 지속가능성이 높은 좋은 수익이라고 할 수 있습니다. 기업 수익의 지속가능성을 가늠하기 위해서는 얼마만큼의 수익이 자발적 충성도를 가진 만족고객으로부터 창출되고 있는지를 파악해야 합니다. 즉 자발적 충성도를 가진 고객이 수익에 기여하는 비율이 높을수록 기업의 장기적인 성장에 효과적이지만, 비자발적 고객이 수익에 기여하는 비중이 높다면 이러한 기업은 장기적인 전망이 밝다고 보기 어렵습니다. 따라서 고객이 불만족하고 있는 원인에 대한 심층적 이해를 통해 고객의 만족과 자발적 충성도를 높이는 것이 중요합니다. 이처럼 수익의 많은 부분이 만족 고객에 근거할 때 기업의 단기적 성과와 장기적 성과가 균형을 이루면서 안정적인 성장이 가능합니다.

Q91 금융상품 마케팅에 있어 고객 추천관리가 점점 더 중요해지는 이유는 무엇인가요?

기존에는 금융상품의 선택에 있어서 소비자들이 광고 혹은 현장에서의 판촉에 의존하는 경향이 강했습니다. 하지만 SNS 등 양방향적 고객 접점의 증가로 일방향적인 광고 메시지의 효과는 점점 더 떨어지고 있습니다. 동시에 현장에서의 판촉 효과 역시 떨어지고 있는데 그 이유는 소비자가 사전에 다양한 온·오프라인의 구전정보를 이미 가지고 있기 때문입니다. 이러한 이유로 일련의 단계를 거쳐 이루어지던 구매의사결정 과정이 이제는 탐색과 평가, 그리고 구매의사결정이 동시에 이루어지는 비선형의 과정으로 바뀌게 됩니다. 특히 고객은 광고와 판촉과 같은 정보에 수동적으로 반응하기보다는 구매 경험을 바탕으로 이를 공유하고 의사결정에 반영하는 보다 능동적인 의사결정을 하고 있습니다. 따라서 금융상품의 선택 역시 고객의 구매 경험 공유 및 구전에 의해 큰 영향을 받게 되며 구매 불확실성이 높은 금융상품일수록 그 중요성은 더 커지게 됩니다.

Q92 고객들이 추천정보를 더욱 신뢰하는 이유는 무엇인가요?

금융 고객들이 구매의사결정에 있어서 대중매체에 의한 정보보다 주변의 추천에 더 의존하는 이유는 추천의 정보가 매우 구체적이기 때문입니다. 실제 제품이나 서비스를 체험해 본 사람들이 제공하는 정보는 광고나 판촉정보보다 구체적이어서 정보로써 가치가 높기 때문에 고객들은 이 정보를 더 신뢰하는 경향을 보입니다. 또한 구전을 전파하는 사람들의 구전 동기가 비상업적인 경우가 더 일반적이기 때문에 고객은 구전정보를 더욱 신뢰하는 경향을 보입니다. 그리고 같은 이유로 소비자들은 기업 주도의 커뮤니티 정보보다는 고객주도의 커뮤니티를 통한 정보를 더 신뢰하는 경향을 보입니다. 구매의사결정자의 입장에서는 구전 정보를 활용함으로써 복잡한 대안 탐색이나 평가과정을 거치지 않고 신속한 의사결정을 내릴 수 있다는 편리함이 구전정보에 대한 활용을 증대시키는 이유가 됩니다.

전략적 구전 관리 관리 | 금융상품 구매의사결정 영양요인 우선순위

• 지인추천 • 검색엔진 • 블로그 • 전통미디어 • 리뷰사이트 • 소셜미디어 • 홈페이지 • 온라인뉴스 • 커뮤니티 • 메신저

금융 보험 및 증권	17%	18%	10%	15%	8%	6%	16%	6%	3%	1%

출처: 조선일보 홈페이지 http://biz.chosun.com/

Q93 고객들이 구전정보를 창출하는 이유는 무엇인가요?

소비자들이 구전을 창출하는 가장 중요한 동기는 자아관련 동기입니다. 구전행동은 자신의 구전이나 추천 행동이 타인에게 어떻게 비추어질 것인지에 대한 종합적 판단에 기인합니다. 금융소비자는 금융기관이나 상품에 대한 긍정적 구전을 창출함으로써 자아이미지를 향상시키는 한편, 부정적 구전을 통해서는 타인에게 자신의 존재를 확인시키고자 하는 동기를 가지고 있습니다. 이와 더불어 타인과의 친밀감이나 소속감을 강화하기 위한 사회적 동기도 작용합니다. 구전활동에 따른 금전적 보상과 관련된 경제적 동기가 있기도 하지만 이는 상품 품질에 대한 확신에 기반하여야 합니다. 그러므로 금융기관이 자사상품에 대한 구전 메시지를 기획할 때, 목표고객의 자아이미지와 부합되는 정보를 핵심메시지로 선정하는 것이 중요합니다.

Q94 고객의 자발적인 구전 창출이 가능하도록 동기부여하기 위해서는 어떤 노력이 필요한가요?

　　금융 고객이 자발적 구전을 하는 가장 중요한 동기는 자아이미지 관련 동기입니다. 따라서 구전의 활성화를 위해서 상품의 특색과 고객의 자아이미지와의 연결고리를 만드는 것이 중요합니다. 금융상품이 고객의 자아 이미지를 드러내는 데 도움이 된다면 고객은 적극적으로 이 제품을 홍보하고 추천하는 데 나설 것입니다. 이를 위해서 금융상품의 브랜드 이미지와 고객의 이미지를 일치시켜 브랜드가 고객의 이미지를 전달하는 수단이 되게 할 수 있습니다. 또한 각종 고객 혜택을 통해 구전을 유발할 수 있습니다. 예를 들어 신용카드 VIP 고객행사의 일환으로 그림이나 도자기 작품을 일정기간 동안 대여해주는 서비스는 고객으로 하여금 그들이 일시적으로 소장하게된 예술작품뿐만 아니라 이러한 프로그램을 기획한 금융사에 대한 긍정적 구전을 전파하도록 동기를 부여합니다. 또한 금융고객을 대상으로 하는 온라인 홍보단 모집 혹은 아이디어 공모전 등은 금융회사에 대한 고객의 직·간접적인 관련성을 높여 회사에 대한 자발적이고 긍정적인 구전이 활성화되도록 동기부여하는 효과가 있습니다. 금융고객을 대상으로 직접 광고 동영상을 제작하도록 하고 포상하는 콘테스트 역시 고객의 금융사와의 자아 관련성을 높이고 구전을 활성화하는 효과가 있습니다.

전략적 구전 관리 | 자발적 구전 창출 전략(신한은행 홍보 대사 프로그램)

출처: 신한은행 홈페이지 http://news.chosun.com/

Q95 추천이나 구전 창출 고객에 대한 경제적 보상은 어떻게 하는 것이 좋나요?

구전 활성화를 위해 경제적 보상을 제공하기 위해서는 반드시 소비자가 상품 품질에 대한 확신을 가지고 있어야 합니다. 경제적 보상에 근거한 비자발적 추천은 소비자 스스로 돈 때문에 추천을 했다는 귀인 과정을 통해서 오히려 상품에 대한 태도를 손상시킬 뿐 아니라, 장기적으로 부정적인 구전을 만들게 할 수도 있습니다. 따라서 소비자 본인에게 품질에 대한 확신이 있는 경우에만 추천행동은 활성화될 수 있습니다. 구전창출에 대한 경제적 보상을 사용하기로 결정하고 나면 보상의 정도와 방법을 고민해야 합니다. 일반적으로 보상 수준은 업계의 관행 및 추천활성화에 대한 기대를 기반으로 결정됩니다. 그리고 보상의 방법에 있어서 신규고객으로 인한 추가 수익의 일정부분을 경제적 보상으로 제공하되 추천인과 신규고객 모두에게 인센티브를 제공하는 것이 일방에 대해 인센티브를 제공하는 것보다 효과적입니다.

전략적 구전 관리 | 효과적인 경제적 보상 전략(하나멤버스)

출처: 하나멤버스 http://blog.naver.com/PostView.nhn?blogId=mermaid210&logNo=220701545630

Q96 구전의 활성화를 위해서 기업은 고객에게 어떤 정보를 제공하여야 하나요?

　　금융기업들은 신규상품에 대한 구전 활성화를 위해서 기업이나 상품의 장점을 여러 가지로 나열하는 경향이 있습니다. 하지만 구전의 활성화를 위해서는 고객에게 강한 정서를 유발하는 정보를 제공하는 것이 필요합니다. 실제 상품 경험 고객의 독특하고 생생한 이야기나 고객의 흥미와 공감을 유발할 수 있는 정보를 통해서 구전은 보다 쉽게 활성화될 수 있습니다. 또한 고객의 의사결정에 유용하고 신뢰할 만한 정보를 제공하는 것도 중요합니다. 베스트셀러 같이 구전의 활성화를 위해 초기 판매량 정보를 제공한다거나 긍정정보뿐만 아니라 부정정보를 모두 포함함으로써 정보의 가치를 더할 수 있습니다.

전략적 구전 관리 | 목표 고객의 공감을 유발하는 광고(삼성화재 애니카다이렉트)

출처: 삼성화재 홈페이지 http://www.tvcf.co.kr/

Q97 창출된 구전 전파를 활성화하기 위해 고객 커뮤니티는 어떻게 관리되어야 하나요?

고객간의 구전 전파를 활성화하기 위한 방안으로 고객 커뮤니티를 활성화시키는 방안을 고려해볼 수 있습니다. 고객 커뮤니티는 전문성 기반과 친밀성 기반으로 나뉘는 데 일반적으로 기능적이고 기술적인 상품의 구전활성화를 위해서는 전문성 기반의 커뮤니티를 중심으로 구전관리를 하는 것이 필요합니다. 이러한 전문성 기반의 커뮤니티는 소수의 전문가를 중심으로 한 대형 온라인커뮤니티의 형태로 운영하되 전문적인 정보의 전달이 활성화되도록 관리하는 것이 필요합니다. 금융상품이나 가격에 대한 전문지식이 있는 의견선도자를 발굴하고 이들에게 적극적으로 정보를 제공하여 주는 것이 필요합니다. 전문지식을 가진 의견선도자에 대해서는 경제적 보상보다는 커뮤니티 활동의 지원이나 회사에 대한 소속감을 높일 수 있는 상징적 보상이 커뮤니티 활성화에 더 효과적입니다.

한편 친밀성 기반 커뮤니티는 다수의 소규모 커뮤니티를 온라인과 오프라인을 병행하여 운영하되 이러한 형태의 커뮤니티는 고객의 체험을 필요로 하는 상품이나 서비스의 경우 더욱 효과적입니다. 친밀성 기반 소형 커뮤니티의 경우 전문성 기반 대형 커뮤니티보다 고객의 커뮤니티에 대한 충성도가 높습니다. 또한 친밀성 기반 커뮤니티는 유사한 형태의 많은 수의 커뮤니티보다는 상이한 속성을 가진 다수의 커뮤니티를 관리하는 것이 효과적입니다. 고객 커뮤니티는 고객주도의 자발적 커뮤니티와 회사주도의 커뮤니티로 나뉘는 데 일반적으로 고객 주도의 커뮤니티가 회사 주도의 커뮤니티보다 고객의 소속감이나 커뮤니티 활동에 대한 충성도가 높습니다.

Q98 금융상품에 대한 온라인 평가정보는 어떤 경우에 고객 의사 결정에 중요한 영향을 미치나요?

금융상품에 대한 온라인 리뷰정보는 정보의 양과 내용, 정보의 구체성 및 고객의 평가 시점 등 다양한 속성에 따라 그 영향력이 달라지게 됩니다. 우선 온라인 리뷰 정보는 고객의 자발적인 참여에 의해 작성된 경우에 더 믿을 만한 정보로 여겨지기 때문에 그 영향력이 커지게 됩니다. 그리고 다수의 평가자들이 대체로 일관된 반응을 보일 때 고객의 의사결정에 미치는 영향력이 더 커집니다. 평가 정보의 양과 더불어 평가 내용의 전문성이나 구체성도 중요합니다. 따라서 단편적인 다수의 정보보다는 핵심적인 속성에 대한 구체적이고 전문적인 증거가 제시되는 경우에 그 영향력이 더욱 커지게 됩니다. 하지만 이 경우에도 생생한 상품 경험이 있는 고객의 의견이 제3자의 인증보다 더 큰 영향력을 가집니다. 고객평가의 방향성도 중요한데 단순한 긍정 정보보다는 긍정과 부정을 모두 담고 있는 정보가 구매의사결정에 더 큰 영향력을 미치게 됩니다. 마지막으로 고객의 리뷰 시점도 중요한데 최근 리뷰일수록 고객의 구매의사결정에 대한 영향력이 커지게 됩니다.

Q99 금융상품에 대한 부정적 구전은 언제 발생하고 어떻게 관리하여야 하나요?

부정적 구전은 품질 대비 가격에 대한 불만, 공정하지 못한 업무 처리과정, 그리고 서비스 제공자의 불손하거나 공감 없는 태도에서 주로 발생합니다. 이러한 고객 불만이 바로 고객 이탈로 이루어지는 경우도 있으나 타사로의 전환에 대한 금전적, 시간적 장벽이 존재하는 경우 고객은 이를 부정적 구전을 통해 해소하려고 합니다. 고객에 따라서는 이탈 이후에도 계속해서 부정적 구전을 전파하기도 하기 때문에 이들이 상품 이미지에 부정적인 영향을 끼치지 못하도록 방지하는 것이 중요합니다. 부정적 구전을 최소화하기 위해서는 고객 불만의 원인을 파악하여 해결하는 것뿐만 아니라, 진심어린 사과와 상황 설명 등을 통한 정서적 접근도 필요합니다. 또한 고객의 부정적 구전을 방지하기 위해서는 고객과의 긴밀한 커뮤니케이션을 통해 고객불만에 적극적으로 대처하는 것이 중요합니다.

Chapter 07
금융고객
수익성
관리

FINANCIAL
MARKETING

Q100 금융고객의 수익성은 어떻게 계산되고 이는 마케팅 의사 결정에 어떻게 활용되나요?

금융기관에 있어서 고객당 수익은 고객 생애가치로 계산됩니다. 고객 생애가치는 고객으로부터 창출된 연간 수입에서 연간 유지비용 및 획득비용을 차감하여 구한 연간 순수익을 고객유지율과 거래지속기간을 고려하여 현재 가치화한 것입니다. 은행예금 고객의 경우 평균잔고에 예대마진을 곱하여 예금수익을 계산하고 이에 유지율과 획득비용을 고려하여 수익성을 계산할 수 있습니다. 보험상품 고객의 경우에도 환산 보험료 수입에서 환산보험료 지출을 차감한 후 고객 유지율과 획득비용을 고려하여 수익성을 계산할 수 있습니다. 신용카드 고객의 수익성은 고객의 신용거래로 인한 가맹점 수수료 및 개인 연회비 등의 신용거래 수익과 할부 및 현금 서비스 등의 금융거래 수익의 합에서 고객 유지 비용과 획득 비용을 고려한 값입니다. 이처럼 고객이 거래하고 있는 다양한 상품별 수익성을 총합하여 개인수익성을 계산해내는 것이 가능합니다. 고객당 수익성은 현재의 수익성뿐 아니라 재구매율과 고객충성도를 감안한 미래의 수익성도 고려하여야 하며 추천에 의해 다른 고객으로부터 창출되는 추가적인 수익도 종합적으로 고려될 필요가 있습니다. 산업별, 기업별로 고객당 수익성 계산방법에는 조금씩 차이가 있을 수 있으나 고객당 수익성은 고객우대정책이나 고객의 획득 및 유지를 위한 마케팅비용의 사용한도를 결정하는 의사결정의 기초자료가 됩니다.

Q101 고객당 수익 분포는 마케팅 의사결정에 어떻게 활용되어야 할까요?

고객당 수익을 계산한 이후에는 고객당 수익의 분포를 살펴보는 것이 중요합니다. 전체 수익의 많은 부분이 소수의 고수익 고객으로부터 창출되는 경우에는 고수익 고객에 대한 우대 정책을 시행하는 것이 필요합니다. 또한 고객당 수익의 차이가 큰 구간들을 중심으로 고객층을 세분화하고 고객군에 맞는 차별화된 고객화 전략을 수행하는 것이 필요합니다. 일반적으로 수익 구간에 근거한 고객 세분화 및 고객화 전략은 소득의 불균형이 심하고 고객의 수적 증대가 수익증대와 비례하지 않는 경우에 효과적인 전략입니다.

한편 기업 수익의 대부분이 다수의 저수익 고객으로부터 발생하는 경우에는 잠재고객 발굴을 통한 고객 저변 확대를 목표로 삼을 수 있습니다. 미성년자들을 위한 금융상품, 취업 이전의 학생이나 사회 초년생들을 대상으로 하는 금융상품 마케팅 등은 현재의 수익성보다는 고객 저변 확대를 통한 장기적인 수익성 증진에 염두를 둔 전략입니다.

이와 유사한 예로 군용 나라사랑카드가 있습니다. 지난 2005년 첫 출시 이후 10년간 신한은행이 독점 발급하다가 2015 말부터 10년간 발급 계약을 따낸 국민·기업은행 두 곳이 공급을 맡게 되었습니다. 이 카드는 다양한 혜택을 제공함에도 불구하고 군인들의 월급이 적고 금융거래도 많지 않아 카드 자체의 수익성은 거의 없습니다. 그럼에도 두 은행이 경쟁적으로 혜택을 제공하는 것은 이 기간을 통해 잠재적인 젊은 남성 고객층을 선점할 수 있기 때문입니다. 실제 지난 10년간 나라사랑카드를 독점했던 신한은행은 은행권 20~30대 고객 수에서 선두권을 달리고 있는 것으로 알려져 있습니다.

Q102 수익성에 따른 차별적 고객 우대전략은 효과적인가요?

수익의 분포에 따라 고수익 고객에게 차별적인 우대 서비스를 제공하는 전략은 표준화된 서비스전략보다 마케팅 비용 효율성 측면에서 효과적입니다. 예를 들어 은행권에서 우수고객에게 우대 금리, 수수료 면제, 각종 부가혜택, 특별대우 등의 서비스를 제공하는 것은 고객의 만족도와 충성도를 높이는 효과가 있습니다. 하지만 우수고객의 분류에 있어서 금융 기업의 고객 분류기준은 일반 고객의 입장에서 납득 가능한 타당한 기준이어야 합니다. 예를 들어 은행의 장기거래고객이 이용 기간에 근거하여 스스로를 우수 고객으로 여기고 있으나, 은행은 수익성을 기준으로 해당 고객을 일반 고객으로 분류했다면 이 고객은 은행의 정책과 서비스에 대해 불만을 갖기 쉽습니다. 따라서 가급적이면 고객에게 명확한 우수 고객 산정 기준을 설명하고 이해시킬 필요가 있습니다. 또한 우수 고객에 대한 특별대우 역시 다른 고객이 보는 곳에서 공개적으로 제공하기보다는 개별적으로 제공하는 것이 상대적 박탈감이나 불필요한 오해를 줄이게 됩니다. 뿐만 아니라 타 고객에 대한 특별대우가 다른 고객의 서비스 제공에 피해가 되지 않도록 하는 것도 중요합니다. 예를 들어 우수고객을 순서와 상관없이 대기선 앞에 서게 해준다면 일반 대기고객의 대기시간을 늘리는 결과를 초래하므로 이런 경우에는 우수 고객을 별도의 대기선에서 관리하는 것이 더 효과적입니다. 이처럼 고객우대전략은 분명한 기준에 근거하여 차별적 우대서비스를 분별력 있게 제공하되 다기능적인 전담조직을 통해 제공하는 것이 필요합니다. 이러한 우대전략은 고객과 회사의 유대감 형성에 중요하며, 고객이 자신이 제공받는 서비스가 희소하고 특별하다고 느낄수록 그 효과가 큽니다.

고객 우대 전략의 활용 | 우리은행의 PB 우대서비스

TWO CHAIRS 고객기준

특별 부가서비스 대상고객

- **TWO CHAIRS** 고객 : 우리은행 개인고객 중 반기 금융수신 평잔 1억원 이상인 고객
  (예/적금, 신탁투신 상품, 보험, 청약저축을 합한 금액)
- 로얄 고객 : 반기 금융수신 3천만원 이상 - 1억원미만
- PB고객에 준하는 로얄고객에게도 일부 서비스를 제공하고 있습니다.

등급산정 시기 및 서비스 적용기간

- 매년 5월 말과 11월 말을 기준으로 익월산정 되며, 매년 7월초와 1월초부터 산정된 등급에 따른 서비스를
  6개월간제공합니다.
- 다만, 등급이 하락할 경우 추가우예가 없음을 알려드립니다.

출처: 우리은행 투체어스 PB 홈페이지 https://spot.wooribank.com/

Q103 고객등급의 분류는 얼마나 자주해야 하나요?

　　고객등급 산정의 기준이 되는 거래실적은 연중 평가 시점에 따라 등락을 보입니다. 따라서 집중적인 거래가 이루어진 기간에는 고객등급이 상향 조정되는 반면 거래가 적었던 기간에는 하향 조정되기도 합니다. 그렇기 때문에 지나친 실적 평가를 통한 등급 조정은 고객의 반발을 야기할 수 있습니다. 일반적으로 등급 분류는 고객의 구매·거래 사이클이 짧을수록 더 자주 집행됩니다. 따라서 자사의 금융 거래 특성에 따라 고객의 거래 사이클을 확인하는 것이 중요합니다. 이와 함께 관리자는 고객등급의 변화를 면밀히 관리하되, 고객등급의 하락이 예상되는 경우에는 이에 대한 고지와 함께 일정 기간 동안 기존 등급을 유지할 수 있는 유예기간을 제공하거나, 등급 하락이 발생하더라도 비용이 크게 발생하지 않는 비금전적 서비스에 대해서는 기존 혜택을 유지시켜주는 전략을 사용하는 것이 효과적입니다. 이는 고객들이 등급 강등에 더 민감하게 반응하므로 일시적 거래실적의 하락에 따른 등급 강등이 고객의 완전한 이탈로 이어질 수 있기 때문입니다.

Q104 저수익 고객의 수익성을 향상시키기 위해서는 어떤 전략이 필요한가요?

저수익 고객의 수익성을 높이기 위해서는 우선 이 집단의 수익이 저조한 원인을 규명하는 것이 필요합니다. 일반적으로 저수익의 원인에는 낮은 거래 빈도, 짧은 거래기간, 높은 거래비용 등이 있습니다.

첫째, 거래빈도가 낮은 장기 저수익 고객에 대해서는 고객유지비용을 낮추거나 상향판매 및 교차판매를 통해 거래의 빈도와 금액을 높이는 것이 중요합니다. 예를 들어 삼성증권의 경우, 휴면고객이 거래를 재개하면 온라인 전용 펀드의 선취판매 수수료를 면제해주는 이벤트를 제공함으로써 고객의 거래를 활성화시키고 있습니다.

둘째, 거래비용이 높은 고객의 경우 무조건적으로 비용을 줄이려고 하기보다는 이들 고객의 특성을 파악하여 잠재적인 수익 증대에 우선적인 목표 두어야 합니다. 즉 우수 고객 유치에 대한 투자의 관점을 견지하는 것이 중요합니다. 이처럼 고객의 수익성 향상을 위해서는 비용 감소보다는 매출과 수익 증대에 우선적인 목표를 두고 거래기간, 거래빈도, 그리고 거래비용 등을 세부적으로 관리해나가는 것이 필요합니다.

Q105 고수익 고객에 대한 접촉은 어떻게 관리 되어야 하나요?

고수익 고객의 경우 기업 차원의 성과인 수익과 고객 차원의 성과인 고객만족도가 모두 높은 수준에서 균형을 이루도록 하는 것이 중요합니다. 그렇기 때문에 기업의 마케팅 자원은 늘 고수익 고객집단에 집중되는 경향을 보이지만, 이들 소비자들이 항상 기업과의 접촉을 선호하는 것은 아닙니다. 오히려 과도한 접촉과 커뮤니케이션은 고객의 짜증과 부담감을 야기할 수 있습니다. 그러므로 금융사 마케터는 자사 핵심고객의 접촉 선호도를 사전에 파악하여, 접촉 선호도가 낮은 집단에게는 사생활 침해가 되지 않는 선에서 비대면 방식의 전략을 사용하는 것도 효과적입니다. 판매를 목적으로 하는 일방적인 접촉 증대는 이들 고객의 심리적 반발을 초래할 수 있으므로 유용한 정보를 제공하되 고객에 대한 세심한 배려가 선행되어야 함을 유념할 필요가 있습니다.

효과적인 비대면 접촉 전략 | 우수 고객 대상 매거진

출처: BC 카드 홈페이지 https://www.bccard.com/

Q106 남성고객에 대한 마케팅은 어떠한 점에 치중하여야 하나요?

　　많은 남성고객들이 본인의 취미나 관심사와 직결되는 상품을 제외한 일반 상품의 쇼핑을 일종의 과업으로 간주하고, 가급적 대안 간의 비교분석을 통한 효율적인 쇼핑을 선호합니다. 따라서 이들 고객에게는 쇼핑 목적을 파악하고 대안 간의 차이를 명확하게 보여주는 핵심적인 속성의 전달에 집중하는 것이 중요합니다. 이러한 특성은 남성대상 금융상품 마케팅에도 마찬가지로 적용되어 가급적 고객들에게 상품별 혜택의 차이를 계량적으로 명확하게 제시해주는 것이 신속한 의사결정에 도움이 됩니다. 뿐만 아니라 남성 고객의 경우 개별 서비스 제공자보다는 기업이나 브랜드 그 자체를 관계 형성의 대상으로 하므로 마케터는 기업 이미지 광고 등을 통해 차별적 이미지를 형성하고, 자사의 차별적 속성이 부각되도록 하는 것이 중요합니다.

남성고객 대상 마케팅 전략 | 남성 1인 가구를 위한 카드 상품 개발

신한카드가 'Code9'의 10번째 상품으로 출시한 '신한카드 Mr. Life(이하 Mr. Life카드)'가 타깃 고객들에 대한 맞춤 서비스로 호응을 얻고 있다. Code9은 신한카드가 고객의 카드 사용 행태 등 정형 데이터와 각종 비정형 데이터를 결합해 만든 상품 개발 체계이다. Mr. Life카드는 국내 최초로 남성 1인 가구를 타깃 고객으로 삼아 준비 과정에서 1인 가구 남성 고객의 이용행태에 대한 면밀한 빅데이터 분석과 심층 설문조사를 통해 핵심 서비스를 구성해 인기를 끌고 있다. 신한카드 홈페이지와 ARS로만 신청을 받았는데 출시 8개월 만에 1만 1,000명에 이르는 회원이 발급 받았다. 또한 발급 고객들의 월 사용률이 평균 97%에 달하며 1인당 월 사용액도 95만원에 이르고 있다.

출처: 조선일보 홈페이지 http://news.chosun.com/

Q107 여성고객에 대한 금융마케팅은 어떠한 점에 치중해야 하나요?

많은 여성고객들이 쇼핑 과정 그 자체를 즐거움으로 받아들이는 경향이 있습니다. 이들 고객은 여러 대안에 대하여 순차적으로 포괄적 정보처리를 하는 경우가 많습니다. 이러한 특성은 여성대상 금융상품 마케팅에도 마찬가지로 적용되어 여성고객을 응대하는 경우에는 상품 체험이나 관련 사례를 중심으로 상세하고 친절한 설명을 하는 것이 필요합니다. 뿐만 아니라 여성고객의 경우 개별 서비스 제공자를 관계형성의 대상으로 하는 경우가 많으므로 서비스 제공자와의 상호작용에 많은 노력을 기울일 필요가 있습니다. 마지막으로 기능적 혜택에 집중하는 남성고객과는 달리 여성 고객에게는 특히 상징적이고 체험적인 혜택 중심의 서비스 전략이 필요합니다.

여성고객 대상 마케팅 전략 | 여성을 위한 카드 상품 개발

신한은행은 저금리·저성장의 장기화로 예·적금 등 수신 상품의 금리가 동반 하락한 가운데 금리 우대에 문화까지 여심공략하며 '신한 알파레이디 적금'을 선보였다. 신한 알파레이디 적금은 급여이체나 카드결제계좌 지정 시 우대 금리를 제공하던 기존 상품들의 방식과 달리 참여·재미·공유를 키워드로 하는 새로운 방식의 혜택을 제공한다.

▲ 지인 및 친구 상품추천 성공 시 최고 연 0.4% △지정한 월 2회의 기념일에 입금 시 연 0.2%
▲ Mint레이디클럽 게시판에 사연을 등록할 경우 연 0.1% 등 최고 연 0.7%까지 우대금리를 받을 수 있다.

이 적금에 가입해 10만원 이상의 잔액을 유지하는 여성 고객은 신한은행의 여성 전용 문화서비스 플랫폼인 Mint레이디클럽에서 다양한 프리미엄 문화 이벤트에 응모 가능하다. 만19세 이상 개인이라면 누구나 가입할 수 있고 입금한도는 월 50만원이다. 적금의 기간은 6개월부터 3년까지 일 단위로 정할 수 있으며 고객이 희망하는 특정날짜(기념일)를 만기일로 지정할 수도 있다.

출처: 데일리한국 홈페이지 http://daily.hankooki.com/ (2017년 1월 21일자 기사 요약 발췌)

Q108 장년고객 대상 정보제공을 위한 마케팅은 어떻게 해야 하나요?

나이에 따른 고객 구분에 있어서 생물학적 나이가 아니라 인지적 나이를 중시하는 것이 필요합니다. 같은 연령대의 고객들이라도 본인 스스로가 생각하는 나이는 많이 다르기 때문입니다. 일반적으로 장년층 고객들은 안정을 추구하며 상품 구매의사결정이 옳고 그름의 논리적 판단에 근거하는 경향이 있습니다. 그리고 여러 가지 정보를 동시에 처리하는 것에 익숙하지 않으므로 단순하고 명확한 핵심메시지를 간결하게 제공하는 것이 필요합니다. 이러한 특성은 장년층 고객 대상 금융상품 마케팅에도 마찬가지로 적용되며 다양한 접촉점을 통해 전달되는 메시지들 간의 일관성을 통해 일관된 브랜드 이미지를 구축하는 것이 중요합니다.

장년고객 대상 마케팅 | 일관되고 명확한 메시지의 전달

출처: TVCF http://www.tvcf.co.kr/

Q109 청년고객 대상 정보제공을 위한 금융마케팅은 어떻게 해야 하나요?

본인 스스로 젊다고 생각하는 청년들은 개성과 독특성을 중시합니다. 일반적으로 청년층 소비자들은 좋고 나쁨에 대한 감각적 의사결정에 따라 구매의사결정을 내리는 경향을 보입니다. 또한 이들에게는 상품의 혁신적 가치와 체험적 요소가 특히 중요하고 이를 감성적 메시지로 전달하는 것이 중요합니다. 이러한 특성은 청년층 고객 대상 금융상품 마케팅에도 마찬가지로 적용되며 브랜드 일관성이나 안정성보다는 독특성과 혁신적 변화를 강조하는 것이 필요합니다. 예를 들어 젊은 층 대상 신용카드 상품의 경우 사용자들의 기호에 맞는 감각적 디자인이나 독특하고 혁신적인 서비스 혜택 및 부가 혜택 설계를 통해 고객이 카드 사용을 통해 자신의 개성을 표출하도록 도와주는 것이 필요합니다.

청년고객 대상 마케팅 | 국내 최초 스티커 카드

롯데카드는 버스, 지하철 등 대중교통 이용 시 휴대폰에 붙여 편리하게 사용할 수 있는 '롯데스티커카드'를 출시했다. 롯데카드가 국내 최초로 출시한 스마트폰에 붙여쓰는 교통카드가 출시 석달 만에 18만장이 팔려나가는 신기록을 수립했다. 롯데스티커카드는 일반신용카드의 1/3크기로 뒷면의 보호시트를 벗겨낸 후 휴대폰 뒷면에 부착만 하면 된다. 대중교통 이용 시 단말기에 스티커카드를 터치하여 결제할 수 있다. SPC가맹점(던킨도너츠, 파리바게트 등), 세븐일레븐(수도권) 등 3만 5천개 오프라인 매장은 물론 온라인에서 신용카드 결제가 가능하다.
출처: 롯데카드 공식 블로그 http://blog.lottecard.co.kr/754

Chapter 08

금융고객
판촉
관리

FINANCIAL
MARKETING

Q110 금융상품이나 서비스의 가격할인 판촉에 대해 고객은 어떤 반응을 보이나요?

금융권에서의 가격할인 판촉은 각종 수수료 면제 및 할인 등을 통해 고객이 지불하는 가격을 낮추는 효과가 있습니다. 이러한 가격할인 판촉은 단기적으로 고객의 긍정적인 반응을 낳지만 시간의 흐름에 따라 고객의 준거가격 역시 점차 낮아지면서 각종 할인에 대한 고객반응 역시 줄어드는 모습을 보입니다. 따라서 이러한 가격 중심적 판촉은 기업간 경쟁이 심하고 상품이나 서비스의 차별화가 어려울 때, 그리고 신규고객을 유치하는 경우에 효과적인 방법이지만 장기적으로는 그 효과가 제한적임을 유념할 필요가 있습니다.

전략적 판촉 관리 | 가격할인 판촉: 수수료 면제 이벤트

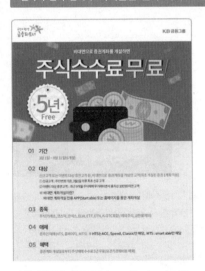

출처: KB증권 홈페이지 https://etcimg.hdable.co.kr/

Q111 금융상품의 추가제공 판촉에 대해 고객은 어떤 반응을 보이나요?

추가제공 판촉은 샘플 및 경품 등을 무료로 제공하는 형태의 판촉 활동입니다. 추가제공 판촉은 가치증대 판촉이라고 불리기도 하는데 판매 가격을 유지한다는 측면에서 가격할인 판촉과는 구분됩니다. 금융기관에서의 추가제공 판촉의 예로서 신규 계좌 개설 고객에 대한 경품이나 사은품 증정, 안전금고 무료사용, 타사와의 연계 서비스 무료 제공 등을 들 수 있습니다. 이와 같은 추가제공 판촉은 고객의 금융상품 선택을 정당화하고 준거가격을 유지시키며 금융상품에 대한 충성도를 강화시키는 등 여러 가지 장점을 가지고 있습니다. 이러한 가치 증대 판촉에 대해 고객은 이를 추가적인 이득으로 인식하는 경향을 보입니다.

전략적 판촉 관리 | 추가제공 판촉

BNK경남은행과 BNK부산은행은 오는 9일부터 BNK금융그룹 고객에게 '대여금고 공동이용 서비스'를 제공한다고 8일 밝혔다. 두 은행은 거래 고객뿐만 아니라 BNK투자증권, BNK캐피탈, BNK저축은행 등 BNK금융그룹 비은행 계열사 거래 고객도 동일하게 대여금고를 빌릴 수 있도록 했다. 대여금고 공동이용 서비스 대상은 BNK경남은행은 우수등급 이상 고객, BNK부산은행은 실버등급 이상 고객, BNK투자증권, BNK캐피탈, BNK저축은행 등은 자체 선정 고객이면 누구나 가능하다.

출처: 파이낸셜 뉴스 http://www.fnnews.com/2016년 9월 8일자 기사

Q112 금융고객 대상 무료 서비스 제공과 가격할인 중 어느 것이 더 효과적인가요?

무료 서비스나 선물의 제공은 비가격적인 판촉활동으로 고객은 이를 별도의 혜택으로 인식하는 경향이 있습니다. 반면 이자 할인이나 수수료 감면 등의 가격할인은 고객에게 손실의 감소로 인식됩니다. 일반적으로 불황기에는 고객의 가격 민감도가 높아짐에 따라 가격이 가장 중요한 차별화 요소가 될 가능성이 높고, 따라서 가격할인이 효과적인 판촉의 수단이 됩니다. 하지만 가격할인은 장기적으로 고객의 준거가격을 낮추고 고객으로 하여금 가격 위주의 의사결정을 유도하는 단점이 있습니다. 그러므로 기업이 차별적 서비스를 제공하고 있고 이러한 차별적 서비스에 대한 고객의 충성도가 높은 경우에는 이들 서비스를 무료로 제공하는 비가격적인 판촉이 더 효과적입니다.

전략적 판촉 관리 | 무료 서비스의 제공

출처: 한화투자증권 홈페이지 http://www.fntimes.com/

Q113 금융고객에 대한 서비스 비용을 축소해야 하는 경우에는 무료서비스의 감축과 서비스 유료화 중 어느 방법이 더 효과적인가요?

불황기 경영환경 악화로 수익성이 악화되는 경우 비용 절감 노력이 필요합니다. 이처럼 각종 서비스 비용을 축소하여야 하는 경우에 무료로 제공되던 서비스를 유료화하는 것에 각별히 주의를 기울여야 합니다. 그 이유는 무료 서비스를 축소하는 것은 혜택의 감소로 느껴지지만 무료 서비스의 유료화는 손실의 증가로 인식되기 때문입니다. 일반적으로 고객은 이득의 감소보다 손실의 증가에 더 민감합니다. 미국은행 Bank of America에서 고객에게 계좌유지 수수료를 부과한 데 대한 반발과 해지율 증가는 당연시하던 무료서비스에 대한 수수료 부과를 고객들이 부당한 손실로 인식했기 때문입니다. 이처럼 수익성 개선을 위해 고객에게 제공되던 서비스를 조정해야 하는 경우, 가급적이면 무료로 제공되던 서비스를 축소하되, 고객들이 필수 서비스라고 인식하는 사항에 대해서는 그대로 유지하는 것이 좋습니다.

Q114 정기예금상품 고객을 유치하려 하는 경우 예금금리는 어떻게 제시하는 것이 효과적인가요?

정기예금 금리를 제시하는 경우, 은행이 제시하는 금리의 상대적 매력도를 보여주는 것이 필요합니다. 이를 위하여 적절한 판단 기준을 제시하는 것이 중요한데, 동일 상품의 과거 금리보다는 현시점의 경쟁상품의 금리를 보여주어 비교가 용이하도록 함으로써 제시된 상품의 경쟁력을 판단하도록 하는 것이 필요합니다. 만일 금리가 유사하다면 차별적 혜택과 편리성을 강조하여 예금 고객을 유치할 수 있습니다. 뿐만 아니라 최종 금리만을 보여주는 것보다는 각종 우대금리를 통해 최종적인 금리가 도출된 과정을 함께 제시함으로써 최종금리가 고객에게 특별한 혜택으로 보여지도록 하는 것이 필요합니다. 다시 말해 은행의 기본 금리와 우대 금리를 별도로 제시하여 예금 금리의 상대적 매력도를 높일 수 있습니다.

Q115 일정기간 동안의 무료서비스 제공이 고객의 지속구매로 이어지는 이유는 무엇인가요?

많은 금융고객이 현재 상태로부터의 큰 변화를 원하지 않습니다. 신규 신용카드 가입의 경우, 소비자들은 기존에 익숙한 카드를 통한 거래에 안주하려 하고, 새로운 상품이 제시하는 다양한 혜택을 피상적으로 인지함으로써 신규가입을 꺼리게 됩니다. 하지만 이러한 고객의 심리적 저항을 극복하기 위하여 최초 가입 연도의 연회비를 면제시켜주면 고객들은 새로운 카드에 적응하는 동시에 해당 카드의 혜택이 판단의 기준이 되어 결과적으로 지속적인 사용을 하게 됩니다. 카드를 사용하는 도중에는 해지 여부를 고려할 수 있는데, 많은 경우 현재 사용 중인 카드를 지속적으로 사용하는 현 상태 유지결정을 내리게 됩니다. 고객이 온라인을 통해 자발적으로 신용카드를 발급받는 경우, 연회비 범위 내에서 혜택 제공을 허용한 여신전문금융업법 개정은 이러한 마케팅 전략을 가능케 하는 중요한 제도적 장치가 될 것입니다.

Q116 제휴방식의 서비스 제공 판촉은 어떻게 실행 가능한가요?

제휴방식의 서비스 제공판촉이란 금융회사가 타사와의 제휴를 통해서 간접적으로 서비스를 제공하는 판촉을 의미합니다. 신용카드사는 신용카드 실적을 기초로 하여 고객이 다양한 혜택을 무료나 할인된 금액으로 받을 수 있도록 하고 이에 대한 비용은 상호정산하게 됩니다. 이러한 제휴 형태의 판촉은 고객의 라이프 스타일에 맞는 혜택을 제공함으로써 서비스 차별화를 추구하는 경우에 많이 사용됩니다. 다양한 혜택을 제공하는 것도 중요하지만 사용하지 않는 혜택의 지나친 나열은 브랜드 이미지를 훼손시키고, 장기적으로 고객의 외면을 받을 수도 있으므로 유의할 필요가 있습니다.

제휴방식의 서비스 제공 판촉전략 | 카드 + 이동통신 혜택의 결합

이동통신사와 카드사가 제휴해 정보통신기기나 통신서비스 상품을 저렴하게 구매하도록 지원하는 아이템들을 속속 선보이고 있다. 할인도 받고 카드 포인트도 쌓을 수 있어서 일석이조다.

SK텔레콤은 지난달 신한카드와 제휴해 'T 신한카드 체크'를 출시했다. 이 카드는 전월 이용액이 25만원 이상인 회원이 SK텔레콤 매장서 휴대폰을 사면 구매비용의 일부를 할인해준다. 예를 들어 T신한카드로 지난해 12월 25만원 이상 결제했던 SK텔레콤 고객이 이달에 스마트폰을 살 때 구매비용 중 1,000원 이상을 이 카드로 결제하면 매월 2,500원씩 현금으로 돌려받는다. 환급혜택은 단말기 종류에 관계없이 주어진다. 연회비는 무료다. 해당 카드에는 SKT의 멤버십 서비스인 'T멤버십'이 자동 탑재돼 있어 한층 편리하다.

출처: 서울경제신문 http://www.sedaily.com/2017년 1월 15일자 기사

Q117 금융고객 대상 경품행사를 진행하려고 합니다. 어떤 요소를 고려해야 할까요?

신규고객의 확보가 목적인 경우에는 경품 당첨금액을 크게 하여 많은 고객의 참여를 유도하는 것이 중요합니다. 일반적으로 고객들은 경품의 금액에 따라 참여 여부를 결정하는 경향을 보입니다. 기존 계약자에 대한 감사의 표시가 목적인 경우에는 당첨 금액보다는 많은 고객에게 혜택이 돌아가도록 당첨 확률을 높이는 것이 중요합니다. 기존 고객들은 확실한 이득을 원하기 때문입니다. 그러므로 이러한 경품행사를 계획하는 경우, 행사의 목적에 따라 예상 참여자의 수와 고객의 반응 및 예상 효과를 면밀하게 고려할 필요가 있습니다.

무료 경품행사의 활용 | 신한은행 – ISA 가입고객 경품 이벤트 진행

출처: 신한은행 홈페이지 http://www.insnews.co.kr/

Q118 신용카드회사와 가맹점이 제휴하여 진행하는 가격할인 판촉은 어떻게 진행되나요?

신용카드사의 가격 할인 판촉은 포인트 적립, 포인트에 의한 가격할인, 무이자 서비스 등으로 나누어집니다. 첫째, 포인트 적립행사의 경우 일반적으로 가맹점과 카드사가 공동으로 비용을 부담하게 되는데, 구체적으로 가맹점의 실 수령액은 카드 매출금액에서 가맹점 수수료를 우선 차감하고 그 금액에서 가맹점 부담 포인트 적립비용을 추가로 차감한 금액이 됩니다. 이때 신용카드사의 가맹점 수수료는 자체 매출가능성이 높은 백화점 등의 대형 점포에는 낮게, 영세 점포에는 높게 부과되는 경향이 있습니다.

둘째, 신용카드사의 가격할인 판촉은 현장에서의 할인과 청구금액에 대한 할인의 두 종류가 있습니다. 예를 들어 현장 할인 20%와 청구할인 10%인 경우 고객은 총 28%[20% + 8%(80%*10%)]의 할인 혜택을 받게 됩니다. 또한 가격할인은 정액할인과 정률할인으로 나누어지는데 기본 가격이 일정금액을 초과하는 경우 정률 할인이 더 큰 효과를 가져오게 됩니다. 이러한 가격 할인 판촉 행사의 비용은 카드사와 가맹점이 공동으로 분담하지만, 가맹점이 즉석 할인 비용을 모두 부담하기도 합니다. 경우에 따라서는 홍보는 카드사에서 부담하고 할인비용은 가맹점이 부담하는 방식을 취하기도 합니다.

마지막으로 카드사의 무이자 할부 서비스 등의 가격 할인은 가격 자체보다는 서비스에 수반되는 금융비용을 줄여주는 가격할인 전략입니다.

M포인트는 M계열카드로 어디서든 쓰면 쓸수록 더 쌓아주는 포인트로 다양한 영역에서 사용할 수 있습니다.　　　포인트/할인 조회 〉

쇼핑 50% M포인트 사용

11번가	11번가(03. 2이)
	- 결제 건당 3만 M포인트 한도

· 쇼핑 M포인트 사용은 포인트 충전 및 상품권 등 환금성 일부 품목 제외
· 결제금액 부분 취소 시 사용 M포인트도 동일 비율로 부분 취소
　(예시) 3만 M포인트가 한도인 경우, 10만원 결제 후 4만원 부분 취소 시 기 사용원 3만 M포인트 중 1만2천 M포인트 사용 취소
· 추가 적립물 경유 시 M포인트 사용 불가
· 행사일 종료 이후 취소/반품 시 혜택 적용 불가

출처: 현대카드 홈페이지 https://www.hyundaicard.com/

Q119 다양한 가격대의 신용카드가 있습니다. 어떠한 신용카드가 연회비 할인 판촉의 대상으로 적절한가요?

일반적으로 고객은 혜택이 제한적인 저가 신용 카드에서 많은 혜택이 제공되는 고가의 신용카드로 이동하는 경향을 보입니다. 고가의 카드를 사용하다 저가의 카드로 이동하는 경우는 상대적으로 적습니다. 따라서 신용카드 연회비 할인 판촉은 고객이 고가의 신용카드로 전환하는 것을 촉진시키기 위한 목적으로 사용되는 것이 적절합니다. 반면 기본 상품에 대한 신규 소비자를 늘리기 위해서는 꼭 필요한 기능만을 담되, 기본 연회비 가격을 낮추어 가격경쟁력을 갖추는 것이 필요합니다. 결론적으로 저가의 카드는 신규고객의 확보 및 고객 수 증대에, 고가의 카드는 수익성의 확보에 우선적인 목표를 두되, 고가 카드의 연회비 할인을 통해서 저가 카드의 고객을 고수익 고객으로 점진적으로 이동시키려는 전략이 필요합니다.

Q120

주 계약과 특약으로 구성된 보험상품에 대한 보험료 할인을 검토하고 있습니다. 어떠한 요소에 대한 보험료 할인이 효과적일까요?

보험료 할인 전략은 고객의 보험상품 가입 목적에 따라 달라져야 합니다. 주 계약이 고객의 보험 가입 주요 동기인 경우에는 주 계약 관련 보험료보다는 특약사항에 대한 보험료를 할인하는 것이 효과적입니다. 왜냐하면 반드시 구매해야 하는 주 계약에 대해서는 가격민감도가 낮은 반면, 부가적인 특약사항에 대해서는 높은 가격민감도를 보이기 때문입니다. 반면 고객들이 보험상품 가입 자체를 주저하고 있는 상황이라면 주 계약에 대한 할인을 통해서 보험 가입의 동기를 부여하는 것이 효과적입니다.

Q121
신용카드의 신규가입을 촉진하기 위해 최초 연회비를 면제해주는 전략과 연회비를 부과하되 1년 후에 실적기준을 충족시키는 경우 이를 돌려주는 리베이트 전략 중 어느 전략이 더 효과적인가요?

연회비의 할인은 가입시점에 최초 연회비를 면제해주는 것으로 연회비에 대한 고객의 심리적 · 경제적 부담을 덜어주는 전형적인 가격할인 판촉입니다. 하지만 이러한 형태의 판촉은 고객의 연회비에 대한 준거가격을 낮추어 향후 부과되는 연회비를 손실로 인식하게 합니다. 반면 리베이트 전략은 가입시점에 연회비를 부과함으로써 이를 카드 사용에 반드시 필요한 비용으로 인식하게 하되 실적을 축적한 이후에는 연회비에 상응하는 금액을 고객에게 돌려줌으로써 이를 이득으로 인식하게 하는 효과가 있습니다. 신용카드 브랜드 간의 차별성이 적고 시장이 포화된 경우, 고객의 구매시점 가격민감도가 높은 경우에는 가격중심의 연회비 면제 정책이 효과적일 수 있습니다. 하지만 인지도가 높고, 품질 이미지가 강한 신용카드 브랜드의 경우에는 연회비 면제보다는 리베이트 전략이 더 효과적일 수 있습니다.

Q122

카드 연회비에 대한 대폭적인 할인을 단행하려 합니다. 연회비 할인 비율을 강조하는 것과 할인 금액을 강조하는 것 중에서 어느 전략이 고객의 유치에 더 효과적인가요?

연회비가 높은 고가의 신용카드의 경우에는 연회비 할인의 비율보다는 할인 금액을 강조하는 것이 고객에게 직관적으로 이해되기 쉽습니다. 한편 저가의 신용카드의 경우에는 할인 비율을 강조하는 것이 더 효과적입니다. 반면 연회비나 수수료의 인상의 경우에는 반대의 원리를 적용하는 것이 고객의 가격인상에 대한 심리적 저항을 낮추는 데 효과적입니다.

Chapter 09

금융고객
거래단계별
관리

FINANCIAL
MARKETING

Q123 금융고객에 대한 초기관계 구축은 어떻게 하는 것이 좋은가요?

금융 고객과의 긍정적인 관계 구축을 위해서는 사무적 응대뿐만 아니라 고객과의 인간적인 유대감을 구축하기 위한 노력이 필요합니다. 이를 위하여 고객과의 유사성을 토대로 상호작용을 원활히 하는 노력이 효과적인데, 중소기업 고객들을 주로 상대하는 은행의 경우 고객과 유사한 복장으로 업무를 진행하는 것도 이러한 노력의 일종입니다. 이와 더불어 고객 응대에 있어서 고객이 요구하는 사항의 해결 및 금융상품 판매뿐 아니라 고객에게 적극적으로 도움을 제공하려는 자세가 필요합니다. 고객의 입장을 이해함으로써 적극적이고 진정성 있는 도움의 제공하는 것은 고객과의 호혜적 관계 구축의 출발점이 됩니다.

고객과의 인간적 유대감 구축 | 은행 직원 칭찬 사례

혹시 은행직원 칭찬같은거 홈페이지에 올리면 직원분께 좋은점 있나요?   ■ 디메in 라이프 ■   2015.12.02. 17:47

ᆢ Melite(moon****) 새학견자 ▼   💬 11   http://cafe.naver.com/dieselmania/13057122   주소복사

오늘 상담받았는데 너무 감사한데 제가

할 수 있는건 고작 그런거 밖에 없어서요ㅜ

아버지뻘이신데 너무 친절하게 상담해주시고

잘 취급안하는 건이라서 오래걸려 미안하다고

계속 양해말씀하시고ㅠ

제가 되려 죄송할 정도..

혹시 칭찬사연 같은데 은행 홈페이지에 올리면

칭찬올라왔다고 전달갈은거 되ㅏ해서요

그냥 잠시나마 기분좋으셨음 좋겠는데 묻힐까바요ㅠ

출처: 네이버 카페 http://cafe.naver.com/

Q124 금융고객에 대한 초기 관리에는 어떠한 점이 중요한가요?

고객과의 초기거래에 있어서 무엇보다 중요한 것은 고객이 당면하고 있는 문제를 효과적으로 해결해주기 위한 고객지향적인 자세를 갖는 것입니다. 그렇기 때문에 일방적으로 상품 판매를 유도하기보다는 고객이 스스로 필요성을 인식하도록 하여 자발적으로 선택하도록 하는 것이 중요하며 이는 장기적인 관계 구축의 초석이 됩니다. 또한 고객과의 거래는 고객의 부담이 적은 거래에서부터 거래의 규모를 점진적으로 늘려나가는 순차적 접근이 효과적입니다. 고객에게 큰 금액의 상품을 제안하고 이에 대한 거절에 미안해하는 감정을 이용하여 소규모 거래를 제안하는 방식은 일회적 거래로 그칠 가능성이 큽니다. 반면에 고객은 자신의 자발적 선택에 대해 일관성을 유지하려는 경향이 높으므로 고객 상황에 대한 이해를 바탕으로 고객이 자발적으로 소액거래에서 시작해서 점차 거래의 규모를 확대해 나가도록 하는 것이 고객과의 장기적인 거래 관계구축에 효과적입니다.

Q125 금융고객에 대한 고객지향적 판매는 어떠한 것을 의미 하나요?

많은 금융회사들이 지나치게 실적을 강조하는 나머지 판매만을 목적으로 하는 판매지향성을 가집니다. 하지만 이러한 태도는 단기적인 성과에 그치는 경향이 있습니다. 그렇다면 고객지향적인 판매란 무엇을 의미하는 것일까요? 고객지향적 판매란 고객의 상황에 대한 정서적이고 인지적인 공감에 기초하고 있습니다. 고객지향적 판매를 위해서는 판매자의 관점이 아닌 고객의 관점에서 고객이 어떤 문제를 가지고 있고 이러한 문제에 대한 어떤 해결을 원하는지를 파악해야 합니다. 이와 함께 고객에 대한 정서적인 공감이 필요한데, 이는 구매 상황에 대한 고객의 관점을 공유하고 고객의 감정을 이해한 상태에서 고객에게 도움을 제공하려는 자세를 의미합니다. 이처럼 고객지향적 판매를 위해서는 고객상황에 대한 정확한 이해와 공감에 근거하여 고객의 문제를 해결해줄 수 있는 문제해결 중심적 접근과 전문성이 겸비되어야 합니다. 이러한 고객지향적 판매는 고객의 욕구가 다양한 경우에 특히 중요합니다.

너무 친절한 직원에 감동받았습니다.

해피해피라면   조회 214   추천 0   2016.08.25. 12:49

오늘 너무 기분 좋은 일이 있어서 처음으로 글을 써봅니다.
몇 주전에 이사를 하게 되면서 기존에 이용하던 은행이 거리가 멀어져서 불편해
집 앞에 있는 KEB하나은행을 가봤습니다.
오늘따라 아들놈이 너무 신이 난건지, 은행을 이리저리 뛰어다니고 업무 볼 때도
그 앞에 준비되어있는 사탕을 만지고 놀더니, 결국은 상담해주시던 직원분에도 장난을 치더군요.
아들놈을 데리고 간 게 잘못이려니 하고 죄송한 마음에 혼내려고하니
직원 분이 우리 아들말을 다 들어주시고 아들한테도 엄마가 이런걸 하려고 한다~ 하시면서
너무 친절하게 설명해주시더라구요.
그 이후로도 제 상담해주시면서 아들에게도 '엄마는 이런거 하고 있어요~'하고 설명해주시고
아들이 집중해서 앉아 있을 수 있도록 서랍에서 초콜릿이며 과자며 몇 개 주시더라구요.
중간에 본인 드실려고 준비해둔 스낵인거 같았는데, 선뜻 주시니 너무 감사하더라구요~

그리고 대출상담하면서 금리가 부담된다고 하니까, 종이에 볼래 어디 은행특판상품이 금리가 저렴하다려며
슬쩍 적어주시더라구요... 진짜 그 분 덕분에 걱정 하나도 덜었습니다. 앞으로 집 앞에 은행갈 때마다
기분이 좋을 것 같네요! 지점이랑 이름도 공개하고 싶은데 그 분께 피해갈까봐 아껴봅니다/..
제 고민을 본인 고민처럼... 날 뛰는 아들까지.. 너무 감사한 직원이었어요.

댓글 13

출처: 다음 카페 http://cafe.daum.net/10in10

Q126 호혜적 관계의 관리는 어떻게 하는 것이 효과적인가요?

    호혜적 관계에서는 비대칭적 도움을 주고 받는 것이 중요합니다. 일반적으로 도움을 받은 경우엔 심리적 부채감을 해소하기 위해 받은 만큼 되갚으려는 경향을 보이는데, 그렇게 되면 그 관계는 대칭적인 호혜관계가 되고 관계의 종결로 이어지기 쉽습니다. 도움을 먼저 제공받은 경우에도 더 많은 것으로 보답함으로써 비대칭적인 호혜관계를 유지할 수 있습니다. 이는 각자 비용을 지불하는 더치페이보다 한번씩 돌아가면서 전체금액을 부담하는 경우에 더 친근함이 생기는 것과 비슷한 이치입니다. 금융서비스 제공자의 경우에도 정해진 의무 이상의 진정성 있는 도움을 제공한다면 고객으로 하여금 미안함과 고마움의 마음을 갖도록 하고, 이러한 감정은 추가적인 거래 의향으로 발전될 수 있습니다.

Q127

금융고객을 초기의 정보탐색단계 고객과 몇 가지 대안에 대한 최종선택을 하려는 고객으로 나눠볼 수 있습니다. 고객의 구매단계에 따라 정보가 어떻게 제공되는 것이 효과적인가요?

초기 탐색단계의 금융고객은 상품 가입을 통해 편익을 최대화하려는 목표를 가지고 있습니다. 따라서 투자 상품에 대해 낙관적인 수익목표를 가지고 여러 대안을 전반적으로 검토하는 경향을 보입니다. 그러므로 탐색단계에서는 전반적인 혜택을 중심으로 상품을 소개하는 것이 좋습니다. 하지만 대안이 좁혀지고 구체적인 선택을 해야 하는 단계에서 금융고객은 위험이 적고 무난한 대안을 선택하는 경향을 보입니다. 이 단계에서 고객의 목표는 위험의 최소화이므로 유사한 상품 가운데 손실 위험이 가장 낮은 상품을 선택하고자 하며, 이를 위해 대안간의 비교가 용이한 계량적정보에 더 집중하는 경향을 보이기도 합니다. 따라서 최종 선택 단계에 있는 고객을 위해서는 계량적이고 구체적인 정보의 제공을 통해 대안간의 비교가 용이하게 함과 동시에 고객이 지각하는 상품의 위험도를 최소화 하는 것이 중요합니다.

초기단계

제휴 보험사 다이렉트 서비스

동부화재 다이렉트

동부화재
다이렉트자동차보험

1566-3770

가격은 다이렉트!
보상서비스는 동부화재 그대로!
할인에 또 할인으로,
아래 모든 조건 적용 시 53.1% 할인
1. 동부화재 프로미(카 대비 평균 17.2% 할인
2. 주행거리 특약 연간 4천km 이하 주행 시 23% 할인(통산송 이하)
3. 교통법규준수 및 최근 3년 연속 무사고 시 11.3% 할인
4. 블랙박스 특약 개인용 3% 할인
5. 임신 중이심 고객님은 10% 할인
6. 안전운전(UBI 특약 5% 할인
(7일 측정치 설정 후 500km 이상 주행 및 안전운전 점수 61점 이상 획득 시)
손해보험협회 심의필 제2017-0111호(2017.1.9)

HICAR DIRECT

현대해상 하이카
다이렉트자동차보험

1577-4452

다이렉트 할인은 기본!
보험료를 절약하는 현대해상 하이카 다이렉트 자동차보험의 다양한 할인 혜택(개인용 기준)
1. 자녀할인 특약 7% 추가 할인 : 7세(만6세)이하 자녀가 있는 고객
2. ECO 마일리지 특약 33% 추가 할인 : 피보험자동차의 연간 운행 거리 3,000km 이하(운행정보 확인장치 방식)
3. 장기무사고운전 9% 추가 할인 : 직전 3년 무사고 시
4. 사고 및 긴급상황 통보장치 특약 7% 추가 할인 : 현대자동차 BLUE Link, 기아자동차 UVO 서비스 가입차량
5. 블랙박스 특약 3% 추가 할인 : 블랙박스 장착차량
손해보험협회 심의필 제2016-3471호(2016.7.25)

한화손해보험 다이렉트

한화손해보험
다이렉트자동차보험

1899-8222

1. 1만5천km이하 주행 시 최대 35% 환급! (해당 특약 가입시 / APP정산시)
2. 다이렉트료 평균 12% 할인 (자사오프라인 대비)
3. 3년 무사고 시 최대 11% 할인
4. 블랙박스 장착 최대 7% 할인! (해당 특약 가입시)
손해보험협회 심의필 제2016-3895호(2016.07.11)

출처: 다이렉트카보험 홈페이지 http://direct-carbohum.com/

선택단계

총 20 건 [유지기간 최장기준 환급율 높은 순서로 정렬] · 환급율구분 높은환급율순 · · 회사구분 전체 · [액셀다운]

번호	회사명 및 상품명	공시이율 (%)	최저보증이율 (%)	유지기간 (년)	납입보험료	해지환급금	환급율 (%)	비고	가입형태
1	(무)라이프플래닛e연금저축보험(무니마무)	3.3	10년 미만 1.5 10년 이상 1.0	20	1,200만원	1,866만원	155.5	표기된 공시이율 : 2017.3월 기준 외무...	온라인 가입 인터넷바로가입
2	한화생명 e연금저축보험 꿈에받밍	3.39	10년이내 1.0 10년초과 0.75	20	1,200만원	1,853만원	154.4	표기된 공시이율 : 2017.3월 기준	온라인 가입 인터넷바로가입
3	(무)라이프플래닛e연금저축보험	3.3	10년 미만 1.5 10년 이상 1.0	20	1,200만원	1,834만원	152.8	표기된 공시이율 : 2017.3월 기준	온라인 가입 인터넷바로가입
4	KDB생명 연금저축KDB다이렉트 연금보험	3.25	10년 이하 1.5 10년 초과 1.0	20	1,200만원	1,794만원	149.5	표기된 공시이율 : 2017.03월 기준	온라인 가입 인터넷바로가입 전화 가입 상담전화 1670-4141
5	삼성생명 삼성생명인터넷연금저축보험1.6(무배당)	3	5년 이내 1.25 5년 초과 10년 이내 1.0 10년 초과 0.5	20	1,200만원	1,771만원	147.5	표기된 공시이율 : 2017.03월 기준	온라인 가입 인터넷바로가입
6	Heungkuk (무)배당 흥국생명 온라 인연금저축보험	3	10년이내 1.5 10년초과 1.0	20	1,200만원	1,759만원	146.6	표기된 공시이율 : 2017.03월 기준	온라인 가입 인터넷바로가입
7	신한생명 (무)신한인터넷연금저축보험Premium	2.95	5년이내 1.25 5년초과 10년이내 1.0 10년초과 0.5	20	1,200만원	1,737만원	144.8	표기된 공시이율 : 2017.3월 기준	온라인 가입 인터넷바로가입
8	IBK연금보험 (무)배당 IBK연금저축 IBK연 아울연금보험_1701	2.65	10년 이내1.75 10년 초과1.0	20	1,200만원	1,658만원	138.2	표기된 공시이율 : 2017.3월 기준	온라인 가입 인터넷바로가입
8	IBK연금보험 (무)배당 연금저축 IBK e-연금보험_1701	2.65	10년 이내 1.75 10년 초과 1.0	20	1,200만원	1,658만원	138.2	표기된 공시이율 : 2017.3월 기준	본사직송 가입 상담전화 1577-4117

출처: 보험다모아 홈페이지 http://www.e-insmarket.or.kr/

Q128 구매 단계별로 금융고객이 추구하는 정보가 다릅니다. 이러한 현상은 부동산 구매의 경우에도 적용되는지요?

부동산 구매의 경우에도 구매 단계별로 고객이 추구하는 정보의 형태는 비슷합니다. 초기 탐색단계에서는 대안에 대한 전반적인 이미지를 형성하는 질적인 정보가 중요합니다. 예를 들어 교통이 편리하고, 채광이 좋으며, 전망이 좋은 아파트라는 전반적이고 질적인 속성의 정보가 고객들로 하여금 대안별 평가를 하게 합니다. 이러한 대안별 전반적인 평가는 선택의 폭을 줄여주는 역할을 하기도 합니다. 반면에 선택단계의 소비자들은 고려 대상이 되는 아파트의 평형, 평당 가격 및 출퇴근에 소요되는 시간 등의 구체적이면서도 계량적 속성을 중심으로 대안을 비교 평가하여 위험을 회피하고 무난한 선택을 하려고 합니다. 따라서 최종 선택단계에서는 계량적인 속성을 비교 가능한 형태로 일목요연하게 제시하는 것이 고객의 빠른 선택에 도움이 됩니다. 하지만 여기서 중요한 점은 구매 전 평가에 사용된 중요한 속성이 구매 이후의 만족도에 반드시 큰 영향을 미치지 않을 수도 있다는 점입니다. 예를 들어 구매시점에는 아파트 평수가 매우 중요한 선택 기준이 되지만 구매 이후 실제 사용하는 시점이 되면 고객은 금방 넓이에 적응하고 아파트 평수 간의 차이를 크게 느끼지 못하면서 살아가게 됩니다. 달리 말해 고객들은 선택시점에 대안간 차이를 과대평가하는 경향을 보입니다.

Q129 금융고객들은 언제나 선택 대안이 많은 것을 선호하나요?

탐색 단계의 고객에게 선택 대안이 많다는 것은 보다 이상적인 대안을 선택할 가능성이 높다는 것을 의미하므로 이 단계의 고객은 더 많은 대안을 선호합니다. 그리고 이들은 각 대안에 대한 전반적인 평가를 통해 고려 대안의 수를 줄여 나갑니다. 하지만 최종선택단계에 이르면, 너무 많은 대안은 오히려 선택을 어렵게 하므로 이 단계에서 고객은 상대적으로 적은 수의 대안에 대한 비교가 용이한 정보를 선호하게 됩니다. 한 조사 결과에 의하면 펀드상품의 종류가 열 개씩 늘어날 때마다 고객의 상품 가입률은 오히려 2%씩 떨어지는 것으로 나타났습니다. 이처럼 최종 선택 단계에서는 선택을 단순화하여 고객의 정보과부화를 줄이고 고객이 만족할 만한 무난한 대안의 선택 가능성을 높이는 것이 중요합니다.

Q130 금융지식이 많은 고객과 적은 고객에 대해서는 각각 어떤 정보 제공 방식이 더 적절할까요?

금융지식이 적은 고객은 대안 간 속성별 비교보다는 대안별로 전반적인 판단을 하는 경향이 있습니다. 따라서 이들 고객에게는 금융상품의 주요 혜택에 관한 정보를 쉽게 전달하는 것이 중요합니다. 이는 고객의 지각된 위험을 줄여주고 의사결정을 수월하게 합니다. 반면 금융지식이 많은 고객은 특정 속성을 중심으로 대안간의 상대평가를 하는 경향이 있습니다. 이는 속성중심의 평가가 대안별 평가보다 신속한 의사결정을 가능하게 하기 때문입니다. 따라서 금융지식이 많은 고객에게는 신속하고 정확한 대안간의 비교가 가능하도록 계량적 속성을 축약된 형태로 제공하는 것이 중요합니다.

고객의 금융지식 수준에 따른 정보의 제공 | 핵심편익 중심 VS. 구체적인 혜택 비교

출처: 보험상품 비교 사이트
http://inr.kr/?num=16615697
http://www.bohummall.co.kr/

Q131 금융 고객의 정서상태에 따라서도 고객이 추구하는 정보가 달라지는지요?

금융고객의 정서는 먼 미래에 대한 의사결정보다는 현재 시점의 즉각적 의사결정에 영향을 미칩니다. 고객이 불안하거나 부정적 정서 상태에 있는 경우 위험을 방지하려는 소비목표를 가지고 금융상품의 위험성에 대해 관심을 가지게 되므로 이러한 부정적 정서의 고객은 고수익/고위험 상품보다는 저수익/저위험 상품을 선호하는 경향을 보이며, 쉽게 의사결정을 내리지 못하는 경우가 많습니다. 반면 긍정적인 정서의 고객은 여러 대안들을 심사숙고하기보다는 전반적인 평가에 의한 빠른 판단을 하는 경향을 보입니다. 따라서 금융상품 판매담당자는 가급적 고객이 여유롭고 편안한 정서상태에서 구매의사결정을 할 수 있도록 환경을 제공할 필요가 있습니다. 또한 이들은 고객의 금융상품의 위험 요소에 대한 우려사항들을 파악하고 이를 극복하기 위한 정보를 제공하는 노력과 함께 고객의 위험 회피 성향 혹은 위험 추구 성향을 반영한 금융상품을 개발하는 것이 필요합니다.

리스크 선호도별 상품의 개발

저위험·저수익 상품 사례

상품명	특징	만기	기대수익률
대신Balance 월지급형	채권과 환매조건부채권(RP)에 나눠 투자. 매월 일정 금액을 받으며 만기 시 원금 일시 회수	3·5·7년 중 선택	매월 3.17%의 이자 발생
KTB플러스찬스 증권투자회사 5호	신용등급 높은 우량 채권에 60%, 공모주에 10%를 투자	1년 이상	연 5.5%
KDB대우증권 RP 특별판매	고금리 RP를 매주 200억 원 규모로 판매. 최소 1,000만 원 최대 1억까지. 원리금 지급보증 중도 환매 가능	1년	연 4.0%
신한은행 세이프지수 연동예금KOSPI200 양방향형(ELD)	코스피200을 기초 자산으로 만기 지수가 기준 지수 대비 상승한 경우와 하락한 경우로 나누어 수익률 확정	1년 6개월	연 2.01~7.63%

자료: 각 금융사 제공
출처: 한국경제신문 홈페이지 http://magazine.hankyung.com/

Q132 연금저축처럼 먼 미래의 혜택을 다루는 금융상품과 단기 예금상품 같이 즉각적인 혜택을 다루는 상품의 경우에 정보제공의 형태가 어떻게 달라야 하나요?

사람들은 먼 미래의 상황(은퇴 이후 등)에 대해서는 막연하고 낙관적으로 생각하는 경향을 보입니다. 그리고 먼 미래의 사건에 대해서는 바람직함에 근거한 추상적인 판단을 합니다. 하지만 눈앞에 닥칠 구체적인 상황에 대한 실현가능성 중심의 판단을 합니다. 즉 현 시점의 사건에 대해서 고객은 현미경으로 가까운 거리를 보듯이 구체적인 판단을 합니다. 이와 마찬가지로 금융고객들도 은퇴 이후와 같은 먼 미래의 사건에 대해서는 추상적이고 낙관적으로 생각하는 경향을 보입니다. 그렇기 때문에 이처럼 실제로 구현되기까지 많은 시간이 소요되는 장기금융상품에 대해서는 고객에게 추상적이고 전반적인 혜택정보를 제공하되 이를 위한 구체적인 자금의 소요계획을 알려줌으로써 미래 상황에 적절히 대비할 수 있도록 하는 것이 필요합니다. 한편 단기적인 상품에 대해서 고객들은 구체적인 속성을 중심으로 판단하는 경향을 보이므로 이들에게는 위험을 줄일 수 있는 구체적인 정보를 제공하는 것이 중요합니다.

장기 금융상품에 대한 정보 제공 | 삼성생명 인터넷연금저축보험

첫번째
———
노후 생활비
월 236만원

은퇴 후 30년, 인생의 3분의 1이 노후입니다.
안정적인 노후를 위해 월 생활비 236만원이 필요합니다.

부부 생활비   **개인 생활비**

최소생활비 ▢ 적정생활비 ▢ 2017년 국민연금공단 (국민노후보장패널조사 6차연도 2015년 조사결과)

두번째
———
국민연금
하나로는 부족

많은 분들이 의지하는 국민연금, 얼마 정도를 받을까요?
부족한 금액, 해답은 개인연금에 있습니다.

2017년 국민연금공단   2015년 국민연금공단

출처: 삼성생명 홈페이지

Q133

고객에게 자사 상품정보와 경쟁사 상품정보 중 어떤 정보를 먼저 제공하는 것이 효과적인가요? 고객에게 제공되는 정보의 순서는 어떤 요소를 고려하여 결정해야 하나요?

고객에게 제공되는 정보의 순서를 결정할 때에는 고객이 어떤 정보에 의해 가장 큰 영향을 받게 되는가를 고려할 필요가 있습니다. 일반적으로 고객들은 유사한 정보에 대해서는 처음에 접한 정보에 의해 가장 크게 영향을 받습니다. 이는 처음 들어온 정보를 토대로 다음에 들어오는 정보를 유사한 것으로 간주하여 손쉽게 처리하고자 하기 때문입니다. 따라서 자사 상품과 경쟁사 상품의 속성이 유사한 경우에는 자사 상품의 정보를 우선적으로 제시하는 것이 효과적입니다. 반면 이질적인 정보에 대해서는 최근에 들어 온 정보가 이전의 정보를 대체하는 효과를 가지게 되므로 경쟁사 간 상품 속성이 상이한 경우에는 자사 상품을 가장 나중에 소개하는 것이 더 효과적입니다.

Driving Pass카드   현대카드X Edition2   NH농협 BAZIC(베이직) 카드

연회비	국내전용 1만원 해외겸용 1만 2천원	국내전용 1만 5천원 해외겸용 2만원	국내전용 8천원 해외겸용 1만원
혜택요약	모든 주유소와 충전소 리터당 60원 할인＋차량정비서비스, 엔진오일교환권 증정	전국 주유소 0.5%/1% 할인. 7~9월 SK에너지 5% 할인	주유소 국내외전가맹점 0.7%~1% 할인

출처: 각사 홈페이지

혜택이 상이한 카드

BLISS.5 카드   The CLASSIC-Y   크로스마일 Special Edition [아시아나]

연회비	해외겸용 10만원	해외겸용 10만원	해외겸용 10만원
혜택요약	연회비만큼 바우처, 일상 속의 프리미엄 혜택	Premium 적립에 Trendy 할인을 맞추다	아시아나 보너스항공권, 좌석 업그레이드 가능

출처: 각사 홈페이지

Q134 다양한 가격대의 신용카드 가운데 고객들이 중간 수준의 연회비 카드를 가장 선호하는 이유는 무엇인가요?

일반적으로 고객들은 연회비가 높아짐에 따라 증가하는 혜택에는 금방 적응하는 반면, 증가되는 가격적 손실에 대해서는 지속적으로 민감하게 반응합니다. 한편 고객들은 연회비가 낮아짐에 따라 얻게 되는 가격이득에는 금방 적응하는 반면 감소되는 품질손실에 민감하게 반응합니다. 결과적으로 높은 연회비의 신용카드에 대해서는 가격손실에 민감하게 반응하고 낮은 연회비의 신용카드에 대해서는 품질손실에 민감하게 반응합니다. 고객들은 극단적인 경우의 손실에 모두 민감하기 때문에 중간 가격대의 연회 신용카드를 선택함으로써 손실을 회피하고 무난한 선택을 하려는 경향을 보입니다. 이러한 이유로 여러 가격대의 대안이 제시될 때에는 중간가격대의 상품이 선택될 확률이 커집니다.

다양한 가격대의 신용카드

연회비	2만원	4만원	7만원
포인트 적립률	50만원~100만원 사용 시 기본 적립 100만원~150만원 사용 시 1.5배 적립		200만원 이상 사용 시 2배 적립
플레티늄 서비스	×	외식, 문화, 쇼핑, 자동차, 보험 등에서 특별 서비스	

출처: 현대카드 홈페이지 https://www.hyundaicard.com/

Q135
고객이 두 가지 상품대안에 대한 최종적인 선택을 하지 못하고 있습니다. 고객의 선택을 도울 수 있는 방법이 있을까요?

고객이 두 가지 대안을 두고 갈등에 빠지는 경우가 많이 있습니다. 예를 들어 고가격/고혜택 금융상품과 저가격/저혜택 금융상품의 사이에서 결정하지 못하는 경우 가장 직접적인 방법은 가격과 품질 가운데 어떠한 것을 기준으로 판단하여야 하는지를 직접 조언하는 것입니다. 하지만 보다 덜 명시적인 방법으로는 판매하고자 하는 대안과 유사하지만 명백하게 열등한 대안을 제시함으로써 선택에 영향을 주는 것입니다. 예를 들어 저가격/저품질 대안과 품질은 같은데 가격이 더 비싼 대안은 명백하게 열등한 대안입니다. 이처럼 명백하게 열등한 제3의 대안의 제시는 고객을 우월한 대안으로 유인하는 간접적인 효과를 가집니다. 이러한 미끼상품을 통해서 고객은 해당 제품의 평가에 있어 가장 중요한 속성이 무엇인지를 결정하게 됩니다. 같은 맥락에서 한시적인 판매상품을 제시하여 특정속성의 중요도를 높임으로써 고객의 의사결정을 도울 수 있습니다. 한정판매로 판매가 중단되어버린 고품질/고가격 상품에 대한 정보는 고객을 가격보다는 품질을 더 중시하는 방향으로 유인하는 효과를 갖습니다.

전략적 대안의 제시

상품명	특)2016년 추석특별지원자금(판매상품)	일)일반당좌대출(열등대안)
대출대상	명절 앞두고 일시적 자금부족으로 애로를 겪고 있는 중소기업	거래상태가 양호한 당좌예금 거래 기업
대출금리	운전자금) 연 5.184 ~ 5.934% [고정금리:KORIBOR(12월물)(연1.31%)+가산금리(연 4.624%p) - 감면금리(최저 0%p ~ 최고 연 0.75%p)]	연 5.793% ~ 6.143% [변동금리: KORIBOR(12월물 전월평균)(연1.55%) + 가산금리(연 4.593%p) - 감면금리(최저 0%p ~ 최고 연 0.35%p)]
대출기간	1년	1년 이내
대출한도	기업당 3억원 이내	소요 운전자금 범위 내

출처: IBK 기업은행 홈페이지

Q136 금융상품의 가격은 어떤 방식으로 표시하는 것이 좋은가요?

금융상품에 대한 수수료를 표시하는 방식은 단순한 단위숫자로 표시하는 방식(예: 1 만 원)과 9단위 숫자로 표시하는 방식(예: 9,900원)의 두 가지가 있습니다. 고가의 금융상품인 경우에는 간단한 단위 숫자로 표시하고 저가의 상품인 경우에는 9단위 숫자로 표시하는 것이 효과적입니다. 수수료 절감 혜택 역시 고객들은 계산이 용이할 때 이를 많은 혜택으로 인지하는 경향을 보입니다. 또한 고가 상품의 경우 가격의 단위를 간단하고 이해하기 쉬운 숫자로 하는 것이 금융상품의 고가 이미지에 부합됩니다.

전략적 금융상품 가격 표시 | 저가 상품 vs. 고가 상품

저가 보험상품

고가 보험상품

출처: 각사 홈페이지
http://foto.sportschosun.com/
http://www.xgolf.com/

Q137

금융상품 이용 수수료를 정액제로 하는 경우와 사용빈도에 따른 변동제로 하는 경우가 있습니다. 어떤 정책이 더 효과적인가요?

고객의 입장에서는 매달 수수료 총액을 걱정할 필요 없이 서비스 혜택에 집중할 수 있는 정액제를 선호하는 경향이 있습니다. 또한 고객들은 자신의 서비스 사용 빈도를 과대평가하는 경향이 있으므로 정액제에 의한 수수료 부과는 고객의 걱정을 덜어주고 만족에 집중하게 하는 효과가 있습니다.

금융상품 이용 수수료의 관리 | 수수료 정액제

25일 금융권에 따르면 신한·국민 등 일부 시중은행은 최근 SK텔레콤 KT 등 국내 이통사의 정액제 요금 체계를 분석하고 은행 수수료 부과 시스템에 적용하는 방안을 마련하고 있다. 지금처럼 은행 간 이체·해외송금 등 금융서비스 이용 건별로 정해진 수수료를 부과하는 방식에 더해 정액제를 추가하기로 했다. 매월 또는 연간 단위로 정해진 수수료를 내면 이 기간에 여러 서비스를 추가 수수료 없이 이용하도록 한다는 설명이다. 금융권 관계자는 "일부 은행은 연내 새로운 방식의 수수료 부과 체계를 선보일 수 있을 정도로 속도를 내고 있다"며 "송금 등 원하는 서비스만 선택해 정액제로 이용할 수 있는 서비스도 가능할 것"이라고 말했다.

은행들은 단순한 금융 거래뿐 아니라 프라이빗뱅킹(PB)을 통해 제공하는 증여·상속·절세 등 자산관리 서비스까지 정액제 요금에 포함하는 방안도 검토하고 있다. 정액제를 시행하면 절대 수수료가 높아질 가능성이 있다는 우려를 감안해 개인이 아니라 기업금융부터 적용하는 방안을 고려하고 있다. 무역금융 등 각종 수수료 결제가 잦은 중소·중견기업들은 건별로 부과되는 은행 수수료가 불편하다는 이유로 이 같은 다양한 수수료 체계를 반기는 분위기다.

수수료 체계 개편은 은행 수익성과도 관계가 있다. 저금리 여파로 예대마진(예금과 대출의 금리 차이로 인한 수익)이 줄면서 은행의 핵심 수익성 지표인 순이자마진(NIM)은 지난 2분기 역대 최저 수준인 1.5% 안팎까지 주저앉았다. 국내 은행의 총이익 중 비이자이익이 차지하는 비중은 2014년 기준 10% 정도다. 미국(37%), 일본(35%), 독일(25%)에 한참 밑도는 수준이다. 자산관리나 부동산 투자 등 각종 자문 서비스가 사실상 '공짜'로 이뤄지는 경우도 많아 개선이 필요하다는 목소리가 높다. 이렇다 보니 은행들은 각종 수수료를 포함한 비이자수익 확대를 적극 추진하고 있다.

줄어드는 국내 은행의 이자이익(단위: 조원, %)

출처: 한국경제신문 http://www.hankyung.com/2016년 7월 25일자 기사 요약

Q138 고객이 투자상품에 대한 확신이 부족합니다. 어떤 마케팅 방식이 필요한가요?

고객이 투자 상품에 대해 인지하는 위험은 손실이 발생할 가능성과 그 결과의 심각성에 의해 정해집니다. 그리고 고객은 인지된 위험을 줄이기 위해 추가적인 정보를 탐색함으로써 구매에 대한 확신을 가지려고 합니다. 따라서 금융기업은 고객이 구매결정에 대한 확신을 가질 수 있는 유용한 정보를 제공하는 것이 필요합니다. 얼마나 많은 사람들이 가입하였는지에 대한 판매량 정보, 매진 임박 정보, 투자상품의 유용성과 희소성에 대한 정보 등이 그 예입니다. 또한 수익률을 보장하거나 일정기간 이내의 철회를 가능하게 하는 전략도 구매위험을 줄이는 데 도움이 됩니다.

추가정보 제공을 통한 고객확신 강화 전략

출처: 삼성생명 홈페이지 http://www.samsunglife.com/

Q139 많은 소비자들이 금융사에 대한 충성도보다는 습관에 의해 거래를 하고 있습니다. 금융고객의 습관적 거래는 어떻게 관리해야 하나요?

습관적 거래는 몰입도가 낮은 무의식적인 반복 행동을 의미합니다. 실제로 많은 금융고객들이 특정 금융사에 대한 정서적 애착 없이 습관적으로 거래를 지속하며 거래의 편리성과 친숙성에 가치를 둡니다. 따라서 이러한 습관적 거래고객에 대해서는 기존의 거래를 지속할 수 있도록 거래에 필요한 노력을 최소화하고 거래의 편리성에 기반한 고객 만족을 제공하는 것이 중요합니다. 이를 위해서 고객 접근성을 높이고 고객에게 친근한 매장이 되도록 하는 것이 필요합니다. 특히 고객에게 친근한 매장이 되기 위해서는 기존의 서비스의 전달방식이나 이미지를 너무 급격하게 변화시키지 않는 것이 중요합니다. 이와 함께 금융사에 대한 태도적 충성도를 높이려는 노력도 병행할 수 있습니다.

접근성을 통한 습관적 거래 강화 전략 | 유니버설 뱅커

비용 절감을 위한 '허브앤스포크' 방식의 지점 모델은 셀프서비스에 기반하고 있기 때문에 새로운 수익을 창출하는 데 한계가 있다. 이러한 이유로 등장한 것이 유니버설 뱅커이다.
유니버설 뱅커는 단순 거래에서부터 각종 재무상담서비스까지 제공할 수 있는 전문 인력으로서 고객이 겪고 있는 다양한 재무적 문제에 대한 효과적인 솔루션을 제공할 수 있다. 실제로 한국씨티은행이 지난해 11월부터 씨티골드 반포지점을 개점하면서 이러한 컨셉을 도입했다. 우리은행은 커피전문점인 폴바셋과 협력해 낮에는 은행 지점으로 활용하고, 업무를 미감히는 4시 이후에는 카페로 변신하는 '카페 인 브랜치'를 선보이기도 했다. 유니버설 뱅커와는 조금 다른 방식이지만 고객들을 위해 보다 편한 공간을 제공하겠다는 취지는 같다.

출처: KB금융지주 경영연구소 https://www.kbfg.com/'리테일 판매사원 혁신과 유니버설 뱅커' 보고서

Q140 고객들은 구매선택에 대한 후회를 하는 경우가 있습니다. 이를 어떻게 관리해야 할까요?

고객들은 단기적으로는 선택에 대한 후회를 하고 장기적으로는 선택을 하지 않은 것에 대한 후회를 하는 경향을 보입니다. 고객의 금융상품에 대한 선택은 투자 이전의 상태를 변화시키는 행동입니다. 단기적으로 고객들은 기존의 상황에 변화가 생긴 것에 대한 불안감을 가집니다. 즉 상품구매를 통해서 오히려 문제를 초래한 것은 아닌지에 대한 불안감을 가집니다. 이러한 선택에 대한 단기적인 불안을 줄이기 위해 추가적인 정보의 제공을 통해 구매확신을 제공하거나, 보증 및 환불정책을 시행하는 것이 가능합니다. 구체적으로 금융기업들은 분기별 실적의 고지, 동일한 상품에 가입한 고객의 반응정보 제공 등을 통해 고객의 구매 확신을 강화할 수 있습니다. 특히 고객의 반응 정보 공유는 잘 팔리는 책이 베스트 셀러라기보다는 베스트 셀러가 더 잘 팔리는 것과 유사한 이치입니다. 결국 금융상품 선택 이후 지속적인 상품 정보 및 서비스의 제공, 그리고 보증을 통해 고객이 자신의 선택에 대해 가지는 단기적인 불안과 후회를 줄이려는 노력이 필요합니다. 한편 고객은 장기적으로는 선택할 수 있던 기회를 놓쳐버린 것에 대한 아쉬움을 가지는 경향이 있습니다. 따라서 금융기업들은 미래의 예상된 후회에 대한 커뮤니케이션 등을 통해서 고객이 미래 시점에 자사를 선택하지 않은 것에 대한 후회가 발생할 수 있음을 알리고, 이로써 자사를 선택하게 될 가능성을 높일 수 있습니다.

Q141 금융고객의 이탈 결정은 어떠한 심리적 과정을 통해서 이루어지나요?

고객의 이탈 의향은 사용하고 있는 서비스에 대한 불만이나 서비스 실패에서 기인하는 경우가 많습니다. 간혹 다양성을 추구하는 고객들은 특별한 불만이 없더라도 정기적으로 이탈 의향을 가지기도 합니다. 일단 이탈 의향이 형성되면 고객은 다른 대안의 상대적 매력도를 평가하고 그 후에 전환장벽을 고려하여 이탈 여부의 결정을 내리게 됩니다. 따라서 자사 상품의 매력도를 높이려는 노력이 전환장벽을 높이려는 노력보다 우선되어야 합니다.

Q142 금융고객의 이탈을 방지하는 장치에는 어떤 것이 있나요?

금융기관은 고객이 타 금융사로 이탈하는 것을 방지하기 위한 여러 가지 유형의 장치를 마련하고 있으며 이를 전환장벽이라고 부릅니다.

첫째, 경제적 전환 장벽은 초기 입회비, 누적 포인트 등 전환과 관련된 경제적 손실의 총칭을 의미하며 기존의 서비스 제공자와의 관계 중지에 따른 편익의 상실, 새로운 서비스 제공사 가입을 위한 금전적 비용 등이 여기에 해당합니다. 둘째, 절차적 전환 장벽은 전환 시 소요되는 시간과 노력을 의미합니다. 즉 다른 대안들을 탐색하는 데 드는 시간과 노력, 새로운 서비스를 사용하기 위한 지식의 습득, 그리고 전환에 따른 불확실한 서비스 성과에 대한 위험 등이 여기에 해당합니다. 마지막으로 관계적 전환 장벽은 장기적인 거래 관계를 유지하던 서비스 제공자와의 개인적 관계가 중단됨으로써 발생하는 심리적 손실을 의미하며, 익숙하고 친밀한 관계의 상실, 그리고 낯선 새로운 서비스 제공자와의 관계를 새로이 구축해야 되는 데에 따른 심리적 부담 등을 의미합니다. 따라서 금융사는 고객과의 거래관계를 통해 구축된 세 가지 종류의 장벽에 대한 명확한 이해가 필요합니다.

Q143 고객의 이탈을 방지하기 위해 구축된 전환장벽은 어떻게 관리해야 하나요?

일반적으로 거래초기에는 재무적, 절차적 장벽이 중요하나 시간이 지나면서 친밀한 관계에 기반한 정서적 장벽이 점차 중요해집니다. 이러한 전환장벽은 일시적으로 고객의 이탈을 억제하는 효과가 있지만 고객 불만이 큰 경우에는 전환장벽으로 인해 더 큰 심리적 반발을 초래되기도 합니다. 따라서 전환장벽은 자발적이고도 긍정적인 형태로 관리되는 것이 중요합니다. 또한 포인트 제공 및 수수료 감면 등의 금전적 인센티브에 의한 고객 유지보다는 고객의 이탈 원인을 파악하여 서비스를 근본적으로 개선하려는 노력이 필요합니다. 신한은행의 경우 이를 위하여 서비스 품질관리 지표인 스케일 제도, 불만케어 프로그램, 소비자보호 실천의 날, 고객의 소리(VOC) 리포트 등을 운영하고 있습니다. 또한 소비자가 제기한 개선 요구에 신속하고 효율적으로 대응하기 위해 소비자보호 담당 임원이 주관하는 소비자보호 협의회를 통해 고객 이탈의 원인을 근본적으로 개선하기 위한 노력을 기울이고 있습니다.

Q144 금융기관의 현장 영업직원에 대한 판매목표는 어떻게 설정해야 하나요?

금융기관에서 현장 영업직원의 판매목표가 일방적으로 할당되어 내려오는 경우가 많습니다. 하지만 이는 일선 판매원의 사기를 저하시키고, 고객에게 일방적인 판매를 하게 하여 전반적인 판매성과에 부정적인 영향을 주는 경우가 많습니다. 판매원의 판매목표는 달성 가능한 수준에서 구체적이고 자발적으로 설정되는 것이 중요합니다. 또한 유치 건수나 금액 등 단순 판매량에 따른 성과 관리보다는 판매과정에 대한 발생되는 여러 관계적 지표들(고객 만족도, 재구매율, 추천 의향 등)에 대한 관리 역시 매우 중요합니다. 마지막으로 본사 차원에서 체계적인 고객관리 시스템을 구축함으로써 일선 판매원의 영업활동 효율성을 높이는 것이 중요합니다.

영업지원 전략 | KB국민은행 영업조직 지원 데이터분석부 신설

국민은행은 지난해 연말 인사를 하면서 데이터분석부를 신설했다. 데이터분석부는 고객가치분석부를 확대, 재편해 만든 조직으로 데이터를 통해 고객과 상품을 분석하고 있다. 국민은행 관계자는 데이터분석부에 대해 "영업지원 마케팅 조직"이라며 "특정고객의 특성을 분석해내는 것이 주 업무"라고 설명했다.

출처: 지디넷코리아 http://www.zdnet.co.kr/(2017년 1월 17일자 기사 요약 발췌)

Q145
금융고객 중에 악성민원을 제기하거나 상습적인 계약파기 혹은 부당한 청구를 하는 불량고객이 있습니다. 이들에 대해서는 어떠한 대처가 필요한가요?

고객의 불량행동은 서비스 제공자의 사기를 저하시키고 이직률을 높여 고객 서비스 비용을 증가시키고 전반적인 서비스 효율성을 하락시키는 결과를 초래합니다. 금융사는 우선적으로 고객의 불량행동에 대한 원인을 파악해야 합니다. 고객들은 일반적으로 규정에 대한 이해가 부족하거나, 어느 정도의 불량행동은 용납되리라는 안일한 판단을 하거나, 적발의 위험보다 추가적인 이득이 높다고 판단하는 경우 불량행동을 하게 됩니다. 따라서 금융기업은 고객들에게 기업 운영원칙을 고지한 뒤 고객불량행동의 유형을 파악하고, 서비스 제공자의 의견을 반영한 유형별 대응원칙을 구체적으로 정하는 것이 필요합니다. 이처럼 기업은 불량고객에 대해 미온적으로 대처하기보다는 고객의 불량행동을 사전에 방지하고 회사의 서비스 종사자를 보호하려는 보다 적극적인 노력이 필요합니다.

불량 고객에 대한 관리 | 진상고객 스타일별 분류

최근 '갑의 횡포'가 논란이 되는 가운데 감정 노동자들도 진상 고객의 성향을 분류해 직원들 사이 정보를 공유하는 등 대처법 찾기에 나서고 있다. 고객의 횡포를 근절할 수 있는 근본대책까지는 아니더라도 '을' 입장에서 활로를 모색하는 것이다.

색상으로 고객 성향을 분류해 상담원들에게 알려주는 시스템을 갖춘 A 은행 콜센터의 경우 최근 메모를 통해 고객들의 '전과'를 구체적으로 기록하고 있다. 과거에는 고객이 주민등록번호 등 개인정보를 입력하면 선력에 따라 상담원들이 모니터 팝업창 색상이 바뀌는 데 그쳤지만, 최근 '갑의 횡포'가 사회 문제로 떠오르자 구체적인 진상 행위도 기록해 공유하고 있다. 상담원들은 '화를 잘 내는 고객'은 빨간색, '질문이 많은 깐깐한 고객'은 분홍색 등 4~5개의 색상으로 고객 성향을 분류한 뒤 방문 일시와 구체적인 언행까지 추가로 기록하고 있다.

출처: 문화일보 http://www.munhwa.com/2015년 1월 20일자 기사 요약

Q146 금융고객 관리의 성과지수에는 어떠한 것이 있나요?

    금융고객에 대한 관계성과는 행동 지표와 재무 지표로 측정할 수 있습니다. 대표적인 행동 지표에는 만족지수와 고객추천지수가 있으며 재무 지표에는 고객생애가치와 추천고객가치 등이 있습니다. 첫째, 고객만족지수란 금융서비스를 사용한 경험이 있는 고객을 대상으로 금융기관의 서비스 전반에 대한 전반적 만족도, 이상적 기대 대비 만족도, 현실적 기대 대비 만족도를 측정하여 산출하는 지수입니다. 기관에 따라서는 고객만족지수를 전반적인 만족도와 요소만족도의 가중평균으로 계산하기도 하고 합니다. 둘째, 고객추천지수는 추천의향이 높은 고객의 비중에서 추천의향이 낮은 고객의 비중을 뺀 값입니다. 이를 순고객추천지수(NPS: net promoter score)라고 하며, 고객 충성도를 파악하고 기업의 장기 성과를 예측하는 데 효과적인 것으로 알려져 있습니다. 셋째, 고객생애가치는 고객이 기업과의 관계를 유지하는 동안에 창출시키는 총수익의 현재가치를 의미하며, 고객당 수익성을 의미합니다. 마지막으로 추천고객가치는 기존 고객이 추천한 고객으로부터 창출되는 수익의 현재 가치를 의미합니다.

금융고객 성과지수의 측정 | 고객추천지수

신한은행은 한국능률협회컨설팅(KMAC)이 주관하는 '2016년 고객이 가장 추천하는 기업(KNPS)'에서 은행부문 1위에 선정되었다고 20일 밝혔다. KNPS(Korean Net Promoter Score, 고객추천지수)란 고객이 경험했던 기업의 상품 및 서비스를 다른 사람에게 추천하겠다는 의향을 모델화하여 지수로 평가하는 조사로써, 수도권 및 전국 6대 광역시에 거주하는 1만여 명의 소비자를 대상으로 매년 조사를 실시하고 있다.

출처: 신한금융 홈페이지 http://www.shinhangroup.com/

Chapter 10

금융고객
미래를 위한
관리

FINANCIAL
MARKETING

Q147 금융 소비자가 미래에 대해 막연하게 생각하고 준비를 소홀히 하는 이유는 무엇인가요?

일반적으로 금융소비자들은 미래의 재무적 상황에 대해 낙관적인 태도를 가집니다. 이것은 마치 현재 무척이나 바쁜 사람이 지금은 시간이 많지 않지만 내년에는 시간 여유가 있을 것이라고 생각하는 것과 같습니다. 이들은 막연히 낙관적인 태도하에 미래를 계획하지만, 미래 시점에 가면 여전히 시간적으로 쫓기는 자신을 발견하게 됩니다. 마찬가지로 많은 소비자들이 비록 지금은 금전적 여유가 없지만 미래에는 상황이 나아질 것으로 판단합니다. 이러한 낙관적 판단이 가능한 이유는 소비자들이 현재 상황에 대해서는 구체적인 실현가능성을 중심으로 판단하지만 먼 미래에 대해서는 전반적인 바람직함을 중심으로 판단하기 때문입니다. 따라서 이러한 금융소비자로 하여금 미래에 대한 구체적인 자금운영 계획을 수립하도록 돕는 것이 필요합니다. 은퇴를 앞둔 금융 소비자의 경우 구체적인 은퇴 생활계획과 그에 맞는 자금수요를 계획하도록 돕고, 이에 맞는 투자 및 자금운용 계획을 수립하도록 하는 것이 중요합니다. 또한 예상되는 자금수요를 바탕으로 장기저축 상품에 가입하는 경우에는 저축 목표액을 정하여 제시하는 것이 고객의 동기부여에 효과적입니다.

Q148

금융고객의 현재소비 성향이 너무 높습니다. 소비자는 왜 현재시점의 소비에 더 많은 비중을 두나요?

한 조사에 의하면 우리나라 소비자들의 경상소득 대비 한계소비성향은 67%에 이르고 비정기적인 소득에 대한 소비성향도 45%에 달한다고 합니다. 이처럼 국내 소비자의 소비성향이 높은 이유는 미래소비보다 현재소비에 더 많은 가치를 부여하는 현재소비 선호경향 때문입니다. 일례로 고객 사은행사의 경우에 당장 10만원을 받는 것과 한달 후에 11만원을 받는 것에 대한 선호를 물어보면 약 10%의 금액 차이에도 불구하고 많은 고객이 현재시점에서의 보상을 선호합니다.

이처럼 미래의 보상에 대한 과도한 가치절하가 일어나는 이유는 역시 고객이 현재의 소비에 더 많은 가치를 부여하기 때문입니다. 반면 위의 사례에서 같은 고객에게 한달 후에 11만원을 받는 것과 두 달 후에 12만원을 받는 경우를 비교하게 한 경우에 소비자들은 두 달 후에 12만원을 받는 조건을 더 선호하는 것으로 나타났습니다. 그 이유는 한 달의 보상 지연이 처음에는 고객의 효용을 많이 감소시키지만 어차피 기다려야 하는 상황이라면 한 달이나 두 달이나 큰 차이가 없다고 느끼기 때문입니다. 결과적으로 현재시점에서 미래의 이득에 대한 할인이 더 크게 일어나며 이와 같은 현재의 보상에 대한 선호 현상은 선형적인 시간인식을 가진 고객, 충동적인 구매성향이 큰 고객, 물질주의적 성향이 높은 고객일수록 더 크게 나타나는 경향이 있습니다.

Q149 소비성향이 높은 고객들의 현재소비를 줄이고 저축을 늘리기 위해서는 어떤 마케팅 전략을 활용해야 할까요?

소비성향이 높은 고객들은 현재의 소비에 높은 가치를 부여하는 경향을 보입니다. 이러한 고객들은 미래를 위한 저축이 필요하다고 느끼지만 현재의 소비에 치중하다 보니 암묵적으로 소비에 관대하고 저축 여력이 부족한 상황입니다. 이들을 위해서 은행은 다음과 같은 마케팅 전략을 시행하는 것이 효과적입니다.

첫째, 소비자가 현재의 소비성향을 줄이도록 도와야 합니다. 고객의 현재 소비욕구를 억제하기 위해서는 소비자가 소득을 한 계좌에 두기보다는 자금목표에 따라 소비계좌, 저축계좌, 투자계좌, 연금계좌 등 자금 용도별로 나누어 관리하도록 해야 합니다. 이렇게 여러 계좌로 분리하는 것은 각 계좌에서의 자금을 소비하는 의사결정을 신중하게 만드는 효과가 있습니다. 한 조사에 의하면 현금을 용도별로 밀봉한 봉투에 넣어 사용하는 경우 소비를 증대시킬 때마다 봉투를 뜯는 결정을 해야 하므로 현재의 소비를 줄이는 결과를 가져온다고 합니다. 또한 신용카드의 사용에 있어서도 고객의 습관적인 소비와 암묵적 지출을 줄이기 위해 신용카드의 수를 줄이고 누적 사용액을 고지하여 지출금액이 명시적으로 부각되도록 할 수 있습니다.

둘째, 고객의 자발적인 소비통제를 돕기 위해 소비를 줄이고 싶어하는 고객을 대상으로 사전에 저축률을 정하고, 중간인출이 불가능하게 하는 실천계약전략이 가능합니다. 구체적으로 사전에 일년간의 저축목표를 구체화하고 미래소득 증가분이나 보너스, 환급금 등 비경상적 소득에 대해서는 높은 비율의 저축 계약을 맺어둘 수 있습니다. 일반적으로 로또, 환급금 등 예상하지 못했던 추가소득에 대해서는 소비성향이 더 높아지므로 현시점에 별도의 저축상품 가입을 약정하는 것도 방법입니다.

셋째, 직장 급여자의 경우 기본적으로 연금저축에 모두 가입하도록 하되 불가피한 경우 선택적으로 해지를 허용하는 넛지(nudge) 전략을 사용할 수 있습니다. 이러한 프로그램은 고객이 특별한 행동을 취하지 않는 경우에는 자동으로 연금가입이 유지되는 효과가 있습니다.

Q150 베이비붐세대의 은퇴가 본격화되고 있습니다. 이들의 은퇴 자산은 어떻게 관리되어야 하나요?

은퇴 금융소비자는 미래 경제상황에 대한 추상적 판단과 비현실적 낙관론을 경계하고 분명한 재무적 목표를 확립하는 것이 필요합니다. 이를 위하여 은퇴 자금을 산출하고 구체적인 저축목표를 설정하여 이에 맞는 소비생활을 하는 것이 필요합니다. 더불어 부채가 있는 경우에는 부채를 우선변제 하는 것이 중요합니다. 그런데 여러 개의 채무계좌가 있는 경우 금융소비자들은 소액의 채무계좌를 먼저 변제하여 채무 계좌의 수를 줄이는 것을 우선시 하는 경향이 있는데, 많은 금액이라 하더라도 이자율이 높은 채무계좌를 먼저 줄이는 것이 더 중요합니다. 금융기업들은 은퇴를 준비하는 고객들을 위해 그들의 예상 미래 자산을 한눈에 보여줌으로써 적극적으로 대처가 가능하도록 할 수 있습니다. 미래에셋은 고객이 은퇴자금 소진계산기에 정보를 입력하면, 은퇴 후 필요자금, 준비자금, 잉여자금 등을 진단해주고 있습니다.

근로자

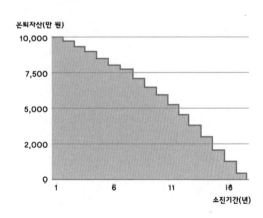

[그림] 정현철 씨의 은퇴자금 소진 기간

기본가정

은퇴자금	1억원
노후생활비	월 150만원
노령연금	월 100만원
운용수익률	연 3.0%
물가상승률	연 3.2%

은퇴자금 소진기간: 17년

출처: 미래에셋 대우 홈페이지 http://retirement.miraeasset.com/

저자 소개

이동진 교수
현재 연세대학교 경영학과에서 마케팅을 가르치고 있다. 주 연구분야는 소비자와의 장기적인
관계구축 및 관리를 위한 고객관계 마케팅전략이다.

이형탁 교수
현재 계명대학교 경영학과에서 마케팅을 가르치고 있다. 주 연구분야는 소비자 주도 마케팅
활성화를 위한 고객들과의 관계 관리 전략이다.

유병희 교수
현재 덕성여자대학교 경영학과에서 마케팅을 가르치고 있다. 주 연구분야는 고객관계관리 및
경험적 소비를 통한 소비자 행복 증대를 위한 마케팅전략이다.

연세경영연구소 총서 시리즈 2017-1
금융마케팅

초판발행	2017년 8월 10일
지은이	이동진·이형탁·유병희
펴낸이	안종만
편 집	전채린
기획/마케팅	장규식
표지디자인	김연서
제 작	우인도·고철민
펴낸곳	(주)**박영사**
	서울특별시 종로구 새문안로3길 36, 1601
	등록 1959. 3. 11. 제300-1959-1호(倫)
전 화	02)733-6771
f a x	02)736-4818
e-mail	pys@pybook.co.kr
homepage	www.pybook.co.kr
ISBN	979-11-303-0435-9 03320